严幼韵传

一路优雅，一世风华

夏墨 著

中国华侨出版社

序言

我们无法拒绝时间的魔力，所有的经历，最终都会雕刻在气质里。

正如这位上海滩最后的大小姐，一百一十余岁的严幼韵女士。

关于她，在此之前，你可能并不熟悉，但看过之后，会比那些见惯的传奇，更让你着迷。

一百余岁的老人，穿高跟鞋，擦香水，讲吃穿，喜珠宝，如此高龄，却活得如此优雅美丽。

这些小细节已经让我忍不住提起兴趣，一团团的迷雾，在心底层层浮起。让人迫不及待地想探访她的过去。

无论再多风雨，成为了回忆之后，便柔和了许多。岁月磨去了故事的棱角，过滤了残酷，向我们平静地舒展着精彩的传奇。

回放历史的镜头，是光影交织的十里洋场。她出身富贵，家世显赫，当时严家在上海的豪宅延伸整个街区。她自幼生活在一个温馨和谐且富有文化氛围的大家庭里，她本来人就长得漂亮，父亲所开老九章绸布庄内的各种衣料随她挑选，因此每天更换的衣服总是最时髦的。并且每天驾着车牌号为84号的私家车进出复旦大学的校门，因此成为上海滩有名的"84号小姐"。

而这，不过是旧时代的"白富美"的日常生活，算不得传奇。

她的精彩和璀璨，恰是从苦难和离别开始。

曾经她深爱一人，和她同等出身，郎才女貌，有着一场轰动上海滩的世纪婚礼，婚后的光阴里，是相爱相随，相符相依。而这所有的一切，却在一声枪响后，戛然而止。

所有华贵与美好匆匆谢幕，换成了生活43年的风霜雪雨。她成了孤苦的孀妇，在炮火硝烟的阴影之下，拉扯三个孤女和一大家人。可对于柴米油盐的生活，她也只是个孩童。卸下曾经的华彩，她快速地投入了生活，学会了种菜、做饭……最终她成为了职业女性。

马尼拉的艰苦岁月里，充满了生活的凄苦和担惊受怕，却也历练了她生活的智慧。她渐渐成长为一位独立的女性。严幼韵在联合国工作了十三年，可以说是如鱼得水。她待人真诚亲切、友善大方。她的优雅和美丽，也让她遇到了新的感情，她同外交家顾维钧走到了一起。那一年，她54岁，他71岁。一场温馨的婚礼，从此她们成为了世间最普通的夫妻，矢志不渝。

时间让缘分碰撞出火花，让岁月有了独特的温度，却也同样带来了痛苦离别。1985年11月14日，顾维钧无疾而终，带走一世风华，以及严幼韵的无尽思念。1992年，她的小女儿杨茜恩，也因病撒手离去。

妻子，母亲，这样的角色，给了她最大的幸福，也给了她最大的伤痛。

而对于严幼韵来说，"摆脱痛苦的最好方式，便是带着它继续生活。"当她穿越了百年时光，又在手术台上经历过生死，更是看透了生命。今后的每一天，都是最好的日子，纵然岁月带走了她娇美的容颜，但是，她举手投足间，依然流露出了优雅的气韵。

阅读她的人生，并不会告诉你很多大道理，你却可以在她起起伏伏的百年人生中，收获一份沉甸甸的智慧。关于生活，关于爱情，关于如何精彩地活下去。

目录
Contents

目录
Contents

目录
Contents

目录
Contents

第七章
温暖岁月·生命里的每一天都是最好的

第一章
富贵宠儿·
上海滩严家大小姐

持守优雅，穿行百年

　　若要迅速地了解一个人，不如走进过往的光影片段，这些碎片式的记忆，要远比苍白的描述更动人。它是历史的一瞬，却是一个人的精彩缩影。纵然她不喜回首往事，但是那些曾经精彩的点滴，时至今日仍然鲜活动人。

/ 1 /

　　那一年，复旦大学敞开校门，迎接新生。宁静的校园里，舞动着青春的气息。一辆"84号"奢华的轿车，缓缓驶入校园，吸引了所有人的目光。车上缓缓走下的，是一个花季少女。她有着名门闺秀的气韵，青春而灵动。

　　悄然间，"84号小姐"的名声不胫而走。从此后，"84号"轿车，严家大小姐，是校园里每日不变的焦点，而每天都在变换的是大小姐的衣着，款式新潮，从不重样。一时间，她成为了青春女孩的时尚风标。

/ 2 /

　　那一天，女孩正驾着"84号"轿车疾驰而过，惊艳了路边的少年。他费尽心思，终于在一场下午茶舞会上与她"巧遇"、相识。他们执手共舞，舞出了一种难以名状的情愫，四目相交，一段缘分，落地生根，即将绽放最娇艳的爱情之花。

/ 3 /

那一年，烂漫初秋，富丽的上海滩，浮动着欢喜的气氛，郎才女貌，一双璧人，一场盛大的世纪婚礼，千余人出席，媒体争相报道。婚礼的照片在报纸上刊登后，立即成为上海滩众多青年男女向往的风尚，也成为了一段历史佳话。

/ 4 /

1942 年，马尼拉沦陷，在战火硝烟之下，命运骤变，她带领外交官夫人们变卖珠宝，自己动手，种菜、做鞋，还在院子里养起了鸡和猪，又学会了做酱油、肥皂，生活艰难苦，心中惊惶。但咬着牙，忍着泪，也要过下去。

/ 5 /

那一年，他们相遇。他满头华发，但她还是动了心，与著名外交家顾维钧在墨西哥城登记结婚。她放下了大小姐的架子，成为最平凡的妻子，每天凌晨顾维钧醒来后，她已准备好一杯热牛奶，让顾维钧喝下后继续睡觉，只怕他从晚餐到早餐间空腹时间过长，于身体不利……

/ 6 /

人生走过了一个世纪，她仍然乐观知足，喜欢看书读报，打麻将，烤蛋糕，交朋友……

她女儿说："我们觉得她就是一个明星一样的人物。""妈妈每个星期都要打一次牌，从下午 3 点一直打到夜里 11 点多，精神很好，她吃得消。"

她是严幼韵，一个被太多人错过的精彩传奇。

在这个漫长的世纪里，她被贴满了各色传奇的标签。美丽时髦的上海名媛，复旦大学的首届女生，外交官夫人，外交家顾维钧的万年办理，联合国礼宾官，"民国外交第一人"，是整个近现代史的见证人，是上海滩最后一位大小姐……

而抛开世俗华丽的外衣，我们看到的，是一位纯净豁达的女性。她穿越百年风霜，优雅漂亮地活着，将温暖的力量，发挥到极致。

这位地地道道的上海大小姐，在寻常人眼中可谓是特立独行，一生讲吃、重穿、喜爱珠宝，一百多岁了，还穿高跟鞋、喷香水。她爱美，爱珠宝，却在一生中数次丢失心爱的珠宝后笑着说道，"本来事情可能更糟"。

漫长的时光，承载着丰富的人生和精彩的记忆。但同样，时光也给这样一位年长的女性，带来了更多的伤痛。她见惯了太多的离别和伤痛，她的丈夫，她的孩子，她的朋友……都纷纷走出了时间的轨道。她本人更是在2003年触摸到了死亡，那一年，她98岁。被诊断出了大肠癌，她觉得自己大限将至，甚至已经做好了赴死的准备。她希望医生能够帮助她没有痛苦地离去。幸而遇见了一位出色的医生，为她做了一次成功的手术，手术五天后，她便回家修养。几个月后，严幼韵竟神采飞扬地出现在寿宴上，和为她做手术的珀斯穆里迪斯医生共舞。自从九十岁以后，严幼韵的孩子们每年都会为她准备生日派对，年纪越大，派对越盛大。

随着一些朋友的离去，一些新的朋友便会出现在她的生活里，继续陪着她打麻将，带她去吃美食，去看风景……如今的严幼韵乐观而知足。在她的生日宴会上，她还特地和大家分享了自己长寿的秘密："不锻炼，不吃补药，最爱吃肥肉，不纠结于往事，永远朝前看……"这一世坎坷，她历尽苦难，也收获了饱满的幸福，她经历风雨，却活得更加坚韧。

逆流时光，你将在她的人生脉络里，感受这一世风雨传奇。

老祖父的奋斗与荣光

记忆里，祖父像一个久远的词，在岁月的泅湿下模糊了容貌。时光如久远的幕布，尘霜浸染后渐渐凝成一滴岁月的琥珀。流转之间，折射出旧日的繁华与记忆，鲜活依旧。祖父严信厚1828年出生于浙江省宁波郊外的慈溪一个普通的农人家里。家贫读不起书，长成半大的年纪家人就把他送到了宁波一家钱庄做学徒。

在那个年代，送去做学徒是贫穷农家孩子们的一个出路。学一门手艺，以后也能有一个去处。做学徒的那几年，生死都由师傅掌管。唯一的好处是包了吃住，钱自然是一分也没有的。那时的他，小小的个头，就跟着师傅们开始打杂，先从清洁打扫开始，然后再慢慢学习记账、识字。学徒生涯考验的是悟性，也考验着一个人的毅力。在那个年代，师傅就相当于生身父母，徒弟的命都是师傅的，招一个学徒，师傅相当于多了一个使唤的长工。钱庄，每日接触的都是钱，对于学徒更是从根子上要求家世清白，为人正直，不贪不偷。

在那个年代，能谋得一份钱庄学徒的机会可是相当不易，这种封闭而门槛较高的行业，是学徒们的首选。门槛越高，要求自然也越高。每年进钱庄的学徒那么多，真正能熬出来独当一面的并不多。祖父早年的奋斗是艰辛而充实的，他从一介学徒，成长为一名可以拿得出手的钱庄伙计。放到今天来看，就是一个实习生在华尔街靠自己的努力成为了一名职业经理人。严幼韵的祖父很少谈他在学徒时的经历，其中的过往已经不为人所悉知，只知道，这个来自慈溪的小小少年，过了十七岁的生日就得到了一次去往上海工作的机会。

钱庄是一个熟人社会，经营钱庄的圈子里更是信奉着相互举荐，只推荐彼此信得过的人选。由此可知，祖父严信厚必然也是相当出色，才能经历层层的推荐，得到供职于上海银楼的机会。上海相比于浙江更为繁华，更为昌盛。

有才华的人从四面八方而来，想在这里谋得一片天地，这里的机会遍地都是，每天都上演着成王败寇的真实故事。在这个新新世界里，祖父严信厚没有让推荐他的人失望，做事勤勉，为人正直。

钱庄做的就是钱的生意，灵敏的金融嗅觉，再加上机警而灵活的性格，严信厚很快进入了更多人的视线。人生的机会历来如是，与其临渊羡鱼，不如退而结网。不需要过多地关注花花世界，当你的能力达到了，世界自然会为你敞开怀抱。羡慕他人生活不如沉下心做好自己力所能及的事情。祖父严信厚脚踏实地，因为出身在小地方，没钱没人脉，没背景没支持，因此每走一步虽然缓慢，却扎实如铁，天道酬勤，他在上海得到了想也想不到的机会。

19世纪70年代后期，祖父严信厚经人引荐拜访一位官员。这位官员年轻有为，眼光如炬，这一次的见面，让严信厚成功进入了他的视野。这位官员姓李，名鸿章，这位大清朝著名的权臣时任直隶总督，府中人才济济，幕僚众多，经营管理方面的人才却不多。严信厚为人实诚，处事精干，得到了李鸿章的赏识，成为了他的幕僚。

　　李府中幕僚很多，各行各业的人才都有。十几年的学徒生涯让严信厚从一个懵懂的小地方伙计，变成了一个见多识广，有胆有识的职业经理人。浙江自此成为了他的祖籍，上海成为了他大展拳脚，实现人生价值的地方。在他之后，他的子孙把上海视作故乡，浙江反而成为了遥远的词汇。

　　李鸿章对待人才是物尽其用，人尽其才。严信厚在李鸿章的推荐下，担任了政府要职。做事干练，处事圆滑的他经过短暂的适应期后，李鸿章给了他一个更大的机会。1885 年，他作为海关税务司被委派到政府所垄断的长芦盐业。

　　在清朝时盐业是由国家一手掌握，市面上只准流通官盐。盐的垄断地位，再加上安全性极高的官家身份，历朝历代的盐商都成为了大富之家。从朝廷来看，不可能在如此大的国土上真正地做到缴杀私盐的所有生存空间。因此在盐业的管理上选拔出商业方面的人才，授权进行盐业生产与运输。国家则通过控制盐的商贸流程，用官盐的绝对优势来抹杀私盐的生存空间，以此来达到控制盐业的目标。

　　在这样的管理政策下，盐业的家族都是权贵之家，并有着很强的官方背景。国家支持，朝廷授权，严信厚此次得到的机会是多少人翘首以盼一生都梦寐以求的事业。自此，严信厚迈进了盐业的大门，也打开了财富的大门。

　　因为公职在身，严信厚长年在北京、上海、广东、福建和宁波之间四处奔走，并在这些地方都置有产业。综合所有的条件，只有上海能够提供给他贸易的最大舞台，也只有上海有着对外贸易得天独厚的条件。商业版图几经发展，严信厚最终决定在上海定居。严信厚做官也经商，在担任海关税务司的这几年里作风严谨，行事周全，令他得到了官场的重视。但在常年的经营管理中，他发现自己更喜欢经商。因为眼光独到，经营有方，严信厚很快成为了中国东南部有名的大商人，其财富与日俱增。

严信厚的能力不仅在于经营管理，更在于开拓创新。1896年，他已经拥有了纺织局，纺纱局，面粉厂，榨油厂，而他的老本行，钱庄也牢牢地把握在手里。严氏家族在他的带领下逐渐成为了中国东南部商业不能忽视的支柱力量。

早在学徒时期他就掌握了金钱的管理方法，一通百通，他在财富管理上手法老到，即使手下产业众多，也不影响他做判断，投资眼光十分具有前瞻性，所有涉足的产业都获得了高赢利。眼光长远的他，最初在产业铺垫时就已经把目光放在了对外贸易上，借助于上海良好的通商条件，他成为了第一个把现代机器引入中国工厂的企业家。他不像其他的企业家存在融资方面的担忧，任何商业机会出现时，他名下的钱庄都能为他提供雄厚的资金支持。这让严信厚的投资可以迅速地落地生根，抢得市场先机。

钱庄行业在发展中已经逐渐蜕变成了现代的银行业，初具了现代金融业的特点。祖父严信厚在众多产业的管理手段中资金管理措施独树一帜。创办的连锁钱庄源丰润票号，不仅有效地管理了手下各大产业的资金，而且也成为了有名的钱庄票号之一。比如说著名金融家盛宣怀就与严信厚十分投契，创办票号时一力推举他成为了当时最大的银行——中国通商银行的首任总董。

一个家族的兴衰通常都与其经济情况息息相关，祖父严信厚的奋斗之路为严家注入了强大的底气，更为严家后期的发展起了根本性的作用。严信厚还拥有一家药厂，一家保险公司，一家高档绸缎庄以及一家陶瓷厂。产业之大还包括一家专门经营金银珠宝饰品的金店。严信厚对于财富的看法并不迷信，他不仅会赚钱，更会理财。而慈善，就是他重要的财富选择。在他的概念里，财富越多，身上担负的社会责任就越重。

严信厚本性开朗热情，为人正直，爱国忠诚。行有余力之时用自己的财富为国家办了很多事，如1883年出资助建塘沽铁路，还负责了大部分宁波铁路的建设资金。严信厚信奉忠君爱国视天下兴亡为己任，慷慨解囊古道热肠的他，培养出来的人对于慈善都是身体力行。

能力越大，责任越大，对国家与人民发自内心的热爱，让严信厚对于家国观念非常浓。他的出身不高，完全是靠自己的能力打拼到现在的一切。他的一切机遇都来自于贵人相助，而学习则是让他能牢牢把握这些机遇的根本。严信厚对于子女的教育问题非常重视，为了更好地培养后辈，严信厚在费市村外的广阔农田上斥资建造了一栋占地很大的二层楼房。他对后人的期望很高，不吝金钱。在这份期望里，就包括了寻根意识。寻根就是不忘本，不忘本才能像风筝一样，飞得再高也有支撑。

所以住在上海也要在费市村外建起大房子。对于祖父严信厚来说，这里是自己的根，越是成就辉煌，越是重视自己的根基。建成之后，这栋二层楼房供他们偶尔回去的时候住，其他时间都是供奉着严家的祖宗牌位。里面常住着一位管家，管家的事情相当于严信厚的代言人，不仅要安排大量日常的管理工作，还要在每年秋收时节把所有的收获都计入仓库，再根据严氏家族成员来分配各自所得。

除了管家，这栋二层楼房里还设了义塾。里面的先生都由祖父出资请来，愿意来义塾读书的学生都不需要交学费，一切都由严家出钱。此举让严家在当地的威望直线上升，村民们纷纷把自己的孩子送去认字。那些离得远些的村民想法把孩子托给了住在义塾周边的亲戚，就是为了让孩子不当睁眼瞎。除了义塾，这里还设有一家芝生痘局，为所有的村民免费提供水痘疫苗。要知道因为贫穷无法接种，那个年代的水痘是非常可怕的疾病。患了水痘的人几乎是九死一生，侥幸存活下来的人也会一脸麻子。芝生痘局的设立，让严家成为了几乎活菩萨一般的存在。

论一个人的财富，可以用金钱去衡量。但是论一个人的影响力，却不仅仅是金钱所能做到的。祖父严信厚的善举不仅让村里的后代有书可读，并且还逃脱了水痘的魔掌。严信厚成为了村里村外声望最高的人，严家的那栋二层楼房也成为了村里最热闹祥和的所在。而在社会上，祖父身体力行的慈善之举也为其赢得了大量的赞扬。国家需要什么，他就去做什么。穷则独善其身，达则兼济天下。比如说在义和团时期（1899 ~ 1901 年间），严信厚负责军械转运工作时连续几天亲自查点，其认真与严谨的态度让下面的人不敢有丝毫怠慢。到后期，负责山西湖北等省份的赈济工作时直接到了赈灾现场，所有经手的账目一清二白，赢得了极高的官声与民意。

最难得的是在交口称赞中依然坚持本心。人生也许就是这样，看到的越多，看到的越深入，对于人生的理解也就越深刻。当时华商所面临的局面就在于洋货肆虐，国货难以支撑局面。祖父严信厚于 1901 年自发成立了上海商业会议公所，担任首任主席，后期改组为上海商务总会，担任第一任会长。联合大家的力量去抵抗洋货，以身作则来约束商业竞争规则。以严信厚的官商地位来说，做这些并不能给他带来什么利益，他如此奔忙只是集合华商力量，打造属于中国人的国货。

严信厚做事做人都以国为先，以他人为先，讲究公道，在家庭生活上也体现如此。严信厚当时只有一个独子，严子均。这位生于1872年2月19日的儿子是当时严家唯一的子嗣，祖父为其取的字是义彬。义为道义，彬为守礼。在当时的社会环境里，一个男人如果有地位有钱完全可以三妻四妾。何况严家男丁单薄，产业丰厚，为求严家子孙繁茂，祖母为其在上海迎娶了一位苏州女子为妾。事有凑巧，祖父自己在天津也娶了一位妾。对妾室的要求是安分守己，仅作开枝散叶。没想到的是两位妾室的名分排列成了问题。

两位相当于同时进门，祖父决定先生下孩子的为大。后来天津的女子先后生下两个女儿，子孙们称为"大奶奶"。苏州女子因为一直没有生育，故称为"二奶奶"。娶了两位妾室依然没能为严家带来男丁，自此之后祖父严信厚与祖母二人都不再提纳妾之事。持家有道的祖母把家里打理得井井有条，事事规矩，严家一派家和万事兴的气氛。这位独子严子均，就是严幼韵的父亲。

作为严家唯一的男丁，严信厚对于儿子严子均的培养可谓是用心良苦。虽然不至于严苛，却也称得上是体贴宠溺。在传统的中国家庭里，父辈在的时候，后辈们是不需要操心家庭营生的，所以严信厚也是如此，只要有他在的一天，独子严子均只需要静静地做好他的大少爷，读好书，养好身体就可以。严家的家庭教育是润物细无声，后来严家女子出嫁后个个能当家做主，严子均温文尔雅，书卷气浓厚，没有半点纨绔子弟的习气。

严信厚的能力出众，严子均不需要考虑家里的事宜。在祖父的安排下结婚生子，过着自己的小日子。但祖父在其结婚后马上给了严子均独当一面的机会，整体观察起来，严子均灵气很足，处事灵活，但经验欠缺，算是一块经商的可造之才。严家女儿们陆续出嫁，严子均也逐渐习惯了经商的生活。严家备受朝廷器重，严幼韵现在还记得，在自己很小的时候祖父觐见了皇帝，授候补道，那一阵子所有出入严家的人都与有荣焉，祖父专门地举行了一次祭祖仪式，全家在香烟缭绕的祭祖大厅里庄严跪拜，恭恭敬敬地磕头以慰祖先。

在祖父这一辈，严家依然是官商并重，虽有调整，但大体上还是较为均衡。得益于祖父经商的才能，严家成为了当地的望族，声名日盛。1907 年，祖父严信厚去世，享年 69 岁。这位毫无出身的人，从宁波的钱庄走到了巍峨的紫禁城。一路打拼功绩斐然，知悉此事后慈禧太后与光绪皇帝下旨表彰，立碑予以纪念。祖父去世时，哭声震天，那些严家老宅里的老人们更是情难自禁，痛哭失声。世间无数人匆匆来，匆匆去，严信厚的一生却令人景仰。葬礼上其子严子均痛断肝肠，自此之后他呼唤父亲再也不会有人答应了。一夜之间，他从严少爷变成了严老爷，无论做没做好准备，他只能责无旁贷地接收了整个严家，而这时的严幼韵刚满两岁。

烙印在血脉里的性格基因

忙碌的父亲一开始在严幼韵的记忆里就是一个身形消瘦的人，要到很久很久之后，严幼韵才会看到父亲年轻时的照片。在那里，严幼韵看到的父亲，白净微丰，一看就是生活安逸的富家子弟。

自从祖父离世之后，父亲严子均接手了所有的生意，辛苦和操劳便成为了父亲的生活主旋律。人生正是这样，他人看起来无比幸福的命运，对于当事人来说却是冷暖自知的重担。操持起这样一个大的家族远非一朝一夕可以胜任。茫然间全部接手的父亲，甚至有些适应不过来。但是现实逼得他只能适应，因为除了适应，没有第二条路可以选。少爷的生活瞬间挥别，剩下的便是可以预见的未来里必然要承担的辛苦与责任。

虽然祖父严信厚为自己的独子严子均留下了大笔的财富，但是严信厚逝世时正好遇上 1911 年的辛亥革命。那个年代里，政局动荡，人心惶惶，整个中国社会都处在一个连续性的混乱状态。乱世也许出不了几个英雄，却会让众多的普通人感受到惶恐。

钱庄也就是今天的银行，对于一个社会来说，经济的晴雨表就在于钱庄的表现。由于革命的影响，民众对钱庄的信任度下降，宁愿自己拿回钱，不要利息，也不愿把钱存在钱庄。因为社会动荡，过于集中与疯狂的兑换，让祖父严信厚留下的连锁钱庄瞬间倒闭了。

不仅如此，因为祖父严信厚的逝世，管理着严家产业的手下却趁机贪污。还没有从失去父亲的悲痛中回过神，父亲严子均就要面对着大量动过手脚的财务账簿。这也就可以理解，为何祖父逝世后，父亲从一个白净微胖的少爷形象一下蜕变成了严幼韵眼中瘦削的身影。

没有人能分担父亲的重担，因为他是独子。也无人能为他分忧，因为那时候的妻子讲究无才便是德。这一切，都要由严幼韵的父亲一人扛下。那些背叛的，那些留下的，那些鄙夷的，那些忠心的，都像是一幅世态图在这位公子哥面前露出了真面目。此时的父亲才意识到，原来曾经的祖父每天都要操持如此多的琐事，还要一人扛下所有的情绪。因为懂得，所以慈悲，严幼韵的父亲也像祖父一样，默默担下了所有的提心吊胆，默默一人扛下了所有的情绪。家中氛围依然安心，在严幼韵的童年记忆里，胡同里的老院子安宁而漫长。平和的家族生活，安稳的日子让她的童年充满快乐。

成年后的严幼韵才意识到在那段时光里严家因为手下人的贪污造成溃败，有一阵子几乎走到了破产的边缘。严幼韵都不知道父亲是怎样一个人扛过那么大的压力。这份融入了血液里的坚守和独立，让日后的严幼韵成长为似父亲一般独立支撑不语苦痛的性格。逝世的祖父也永远不会知道自他走后他的独子从一个白净富态的富家公子哥，变成了一个严谨消瘦的商人。

人与人真的是有不同。天生带来的性格气质，哪怕后天培养再相近，一样也会显现为截然不同的人生。严幼韵自 1905 年 9 月 27 日出生起，面对的世界就是花团锦簇，繁华多金。

佛家的讲解里，人生如花落，同一树花，风吹起，有些落入沟渠，有些飘上碧玉台。这样的缘分，便造就了每个人不同的人生。这样玄妙而美丽的比喻，说出了生命的无常，也道出了世事变幻的机缘。对于更多的人来说，能做的不过就是顺应命运的轨迹，过好自己的人生。

严幼韵出生在天津，没过多久，便跟随着全家一起迁到了上海。这时的小幼韵才几岁，看着姐姐们一起上了上海中西学校，她也被父母送到了上海的幼稚园。大姐严彩韵，二姐严莲韵在上海读书期间，六岁的严幼韵还跟着父母在天津住过一段时间。

因为年纪最小，所以严幼韵的童年生活都是跟着父母一起。在她的印象里，家里的房子老旧而宽阔。家里的氛围也总是安宁而祥和。很多时候，严幼韵的后面都跟着保姆，看着小小的她，看落花，摘小草，看小兔。稚嫩的眼眸里，多的是对生命最纯净的好奇。父母很喜欢这个小姑娘，因为小小年纪的她已经开始爱干净爱美丽了。哪怕是脏一丁点儿的地方，都不愿意去。而且给她穿衣服时，她会有意识地选择自己想要的颜色和款式。

在严幼韵童年的记忆里，她记得家在天津老城区。严家住的老房子在胡同里，虽说是胡同，里面却大有乾坤。这个胡同像是一个小社会的缩影，严家就是里面最豪华的所在，胡同里面还有好几个庭院，她的父亲严子均就在这里办公。房子大可以办公，一些管家的家属们也住在这里。

整个严家，每天都热热闹闹的，仆人们总是行色匆匆，自己的母亲每到傍晚都会让女仆过来叫严幼韵回去。仔细端详严幼韵是否一切安好，然后再安排严幼韵吃饭睡觉。实际上从严子均这一代起，严家已经更像是商人之家。严幼韵的父亲严子均依然在管理着长芦盐场，小小的严幼韵在家里经常听见父亲和其他人谈论着盐业，如何运输，怎样转运等等。

那个胡同里的老房子，夏日里树荫浓密，秋天落叶金黄。人情味极浓的时代里，每户人家都相互往来。严幼韵小时候非常活泼，喜欢去听大人们聊天。而且严家更是不同，每日来往的除了亲友，还有更多的经商客户。

小小的严幼韵每日玩耍时看见的便是这样的场面，她小小年纪说话却很利索，来往的人们都喜欢逗一逗她，听她说几句童言童语。

来来往往的人群，谈论着经商，谈论着外面世界里的人与事。严幼韵就是在这样的环境里一天天长大，那时候严幼韵的父亲严子均不仅管理着长芦盐场，同时还掌管着轮船招商局，上海自来水公司，上海药房，源能官银号和中国通商银行宁波分行等等。

严子均同时担任着多家公司的董事，而且还被授予清政府农工商部的员外郎一职。这是在祖父的庇荫下得到的职位，但也占去了一部分时间。严子均更喜欢处理商业上的事情，并不热衷官场上那套学问与琐碎。

由于严子均更喜欢经商，因此在这个政府位置上并没有投入太多精力。一面要做官，一面还要经商，人人只看见父亲的光鲜，却很少人看见他的疲惫与辛劳。蓦然间需要接下所有的事务，还要将庞大枯燥的账本全部看完，在严幼韵看来，父亲后来的财富的确得之不易。当然，在外人看来，严子均的确是衔着金汤匙出生的人。哪怕他这一生不努力，光靠祖产也可以过得很滋润。但长年在祖父熏染下的父亲却并不是这样一个二世祖，他更愿意去接下所有的责任，期待祖父的事业能在自己的手里发扬光大。

　　人的成长来得如此迅疾，生活的确是最好的老师，没等太久就学会了如何去应付生活，处理问题。严幼韵的父亲整整花了好几年的时间才把混乱的财务情况缓解过来。看清了一些人的嘴脸，明白了商场险恶。只是为了保住严家的财富，严子均就已经花费了几年时间。

　　夙兴夜寐上进心极强的严子均刚刚稳定下来，就开始努力拓展产业。严幼韵是幸运的，她的祖父为家里带来了财富的基础。她的父亲严子均成功守住家族财富之后，更是用尽了全部精力在发展事业，拓展产业，为家族谋取更多的财富。

　　在严幼韵的记忆里，家里永远都是花团锦簇。在她很小的时候，家里接触到的都是最为奢华的生活。

　　对于人生来说，钱其实是很重要的前提条件。没有钱，就不会有自由的生活，就没有说不的权利。因为没有钱，所以要做不喜欢的事来获得生存，只有那些一早完成了财务自由的人们才有机会去实现更美好的生活目标。严家的人，正是极少数完成了财务自由的人，他们对生活有了更多的选择。这个选择，就是慈善。

　　祖父在世时的言传身教让父亲严子均对慈善事业非常用心。稳住产业之后，严子均开始遵照父亲的心愿一项项完成慈善项目。慈善，就像薪火相传的严家信物，从祖父的手里接下后传到了父亲的手中。在父亲的手里，有了更强的经济实力，也就有了更强的力量去实现自己的想法。他的慈善走得更远，看得更透。

　　费市村祖屋的慈善事业在原有的义塾基础上增加了更多的投入。芝生痘局的福利范围也在父亲的大力支持下传播得更远。疾病会影响人的命运，因为医疗条件落后所以得病，得病之后又治不起，因病返贫，一病之后妻离子散的例子太多太多。

父亲扩大芝生痘局后，又放了更多的药品作为备货和存货。药品的覆盖范围包括了常见的传染病和紧急用药，救人一命胜造七级浮屠，虽然大病不可治，但是对常见病治疗和预防却是可以做到的，芝生痘局甚至成了当地穷苦人的救命稻草。

家庭教育里父母的榜样作用无穷。严信厚对于慈善亲力亲为，严子均在慈善方面非常慷慨。这是一种家族传承，更是一种无意识的遗产。也许在父亲严子均心里在作慈善的时候更贴近祖父严信厚的心情。

自己有余力之时才能更好地去帮助他人，看着他人在自己的帮助下完成心愿过得更好，这种成就感是无可比拟的。如宁波教会医院是由约翰·格兰特主持，严子均为其多次捐款，甚至还为天津的天主教学捐赠过土地。这些举动，就是为了让这些医院和学校可以更好地为中国人民服务。

要知道在那个时候，医院与学校每天都会开放对穷人的免费名额，父亲的捐助让这些名额进一步增多，更多的穷人得到了及时的救治和教育。对于严子均来说，慈善就是一种与生俱来的本能。

严信厚信奉着"穷则独善其身，达则兼济天下"。严子均则是持身谨严，以付出为快乐。这样一个厚道而慷慨的父亲，在家庭生活中更是和蔼可亲。在严幼韵心里，父亲严子均最喜欢的就是让女儿们陪着他。如果一个慈善家连自己的家庭都不能照顾好，他又如何让人相信他的爱与宽容呢？这样一个顾家而亲切的父亲，不仅为严幼韵带来了很多的快乐，还带着她们去了很多的地方开阔眼界。每次去看新的事物，看新的风景，都会给严幼韵带来很强的幸福感。在她的心里，父亲像是无所不知，无所不能。

只要有时间父亲都会待在家里。对于他来说，照顾好自己的家，每晚点亮家里的一盏灯也是一种美好的事情。

父亲严子均喜欢带着女儿们一起去外面吃饭，去买东西，参加各种活动。他给孩子们最好的东西，不论价格，不论珍贵程度。他的女儿就要享受最好的条件。严幼韵在这样的宠爱里，成长在极其优越的物质条件下如公主一般。在父亲的影响下，严幼韵从小就非常喜欢和人打交道，喜欢热闹，喜欢参加各种活动，社交天赋非常高。

父亲带来的影响不仅如此，家里的仆人会说英语，父亲也有意让严幼韵接触教会学校的同学与教师。这样自小就培养起了严幼韵的英语对话能力。不仅如此，每年夏天，父亲都会带着全家去青岛、莫干山、大连或者北戴河避暑。

每年的度假生活培养严幼韵见多识广的心胸，也有了更长远的眼光。每年的除夕夜，通宵营业的商店里都会看到严家在严子均的带领下坐着马车四处购物。女儿们的愿望全部被满足，要什么买什么。父亲慷慨温柔。他认为女孩子就要富养，在女儿们面前父亲总是笑容居多，而且女儿们提出的要求他都会满足。其实不止是过年，她们每一天都快乐得像一只小鸟。

用今天的眼光来看，父亲的富养让女儿们有了很高的品味。眼界高了，品味自然是非常人所不能及。而且自小备受宠爱的环境，也让女儿们有了很踏实的安全感。从富养的家庭出来的孩子与贫苦家庭出来的孩子自小便有着不同，富家孩子们更天真，更快乐。贫苦家庭的孩子们却过早地知道了人世艰难，更惜福的同时也更为小心翼翼。严幼韵活泼开朗，不知忧愁为何物，快乐地过着每一天。习惯了各类精巧的玩具，习惯了美味的饮食，更习惯了父亲的宠溺与温柔。多才多艺，慈爱慷慨的父亲所给予的这份无私而不求回馈的爱，是严幼韵一生的珍藏。

严幼韵的母亲性格与父亲不同，作为严子均的第二任妻子，严幼韵的母亲杨氏是在张氏逝世后嫁来严家的。张氏为严子均生了两男三女，严智多，严智珠平安长大，三个女儿中有两个夭折。只因医疗条件实在太差，哪怕家里经济条件再好孩子们的夭折率也很高。仅剩的那一个女儿嫁到了北京金家，日子和美富足。严幼韵的母亲杨氏为严子均生育了六女三男。除了夭折的两个女儿，就是严彩韵，严莲韵和严幼韵。五个女儿之后便是严智桐，严华韵，严智实，严智寿。祖父这一代只有严子均一个独子，到了父亲这一辈家里的人丁着实兴望了起来。

严幼韵的母亲杨氏性格平和，处事妥帖。虽是媒妁之言的婚配，却难得地相敬如宾。父亲温柔而富有担当，对待母亲细致而宽和。母亲说过能嫁给父亲也是自己的福气。那个时代的婚姻与爱情，生儿育女，柴米油盐便是一生。没有醉人的情话，难得私语的时刻说的也是家中琐事。踏实而绵长的情感里，反而沉淀出一种难得的怡然。

与父亲相比，母亲不热衷社交，她的亲密朋友并不多。出身很好的母亲也是一位富家小姐，也是一个很有生活品位的人。母亲爱看古典小说，枕头边总会放一本诗歌集，临睡前总要读几页。性情平和，母亲一天哪怕要处理再多的家事，也自有一番属于自己的天地。

严幼韵更喜欢陪着母亲，母亲总会带着她做一些有趣的事情。比如说养蚕、养鱼，小时候家里总是养着这些东西，父亲让母亲专门开出一间房间来摆放鱼缸和蚕匾。在幼时的记忆里，这些都是严幼韵最感兴趣的事情，好像一回首，还能记起蚕吃桑叶时的沙沙声，还能记起鱼在缸里上下游动，间或吐出几个泡泡的样子。

因为严幼韵的母亲喜欢旅行，经常带着孩子们去看佛寺。小时候，严幼韵跟着母亲去过很多地方，每年至少都要出去玩两次。如果遇到家中孩子夭折这种事，母亲更会带着家人去寺庙举行盛大的法事。怀胎十月，却不能拥有健康的孩子，这是所有母亲最不能忍受的痛。每夭折一个孩子，都是在母亲的心里捅了一刀。对于这些贤良的妇人们来说，只有佛家庄严才能渡过这难过的河流，让生活驶向未来的日子。一切皆有因果，缘分未到挽留无益。不如各自珍惜，孩子总会再来的。

严幼韵母亲敏感而善良，因为孩子去了另一个世界所以更希望多为孩子祈福。严幼韵现在依然记得在高僧们诵经声里母亲深深低下去的头，上面的发钗轻轻颤抖，母亲的手掩着脸，像是在哭又像是在默默祈祷。等到起身之时，母亲的神色已然平静，严幼韵懂事地上前牵起母亲的手，上面湿湿热热的触感她一直都记得。

如果有空，父亲严子均也会陪着母亲一起去寺院，父母的相处很融洽。父亲虽然善于社交，但本质上两人都不爱热闹，两人聊天交谈的也都是些家里的闲事，边走边说却絮絮叨叨可以讲几个时辰。比如说杭州灵隐寺，就是严幼韵小时候去过的寺院。烟柳茂盛，草木森森，清幽的檀香似有似无，雄浑的禅音流淌在耳边，平白洗脱了几分烟火气。

父亲拉着母亲的手，慢慢往前面走，寺庙清寂，两人的身影在日光下拉成长长的影子，像一幅水墨画。那时候的严幼韵不懂，但现在回想起来，正是因为那份清静母亲和父亲才愿意去佛寺吧。在佛寺里才能有从烦琐生活里跳脱出来的机会，没有其他人打扰，家人在寺中安静地生活几天又何尝不是一种难得的清福。

每次到了寺院都会在客房里住几天。敬奉上香火钱，在僧侣的带领下去寺庙里的厢房。接下来的几天，伴着晨钟暮鼓起落坐卧，心里也不由得生出几分出尘之意。因为孩子们吃不惯素斋，父母们总会带他们去外面饭店吃饭。

清静安适的日子里，各地名胜与美食交替享受，快乐而温馨的记忆一直伴随着严幼韵的童年时光，在她的心里悄然种下了因果之树。佛性之于人，在于豁达在于不拘泥于往事。在后来的日子里，严幼韵表现出来的正是佛家难得的断舍离。

另外，最让严幼韵记忆犹新的就是母亲对于珠宝的喜爱。虽然说女人们总会对亮晶晶的珠宝有着本能的喜欢，但是母亲的喜欢可以说是深入骨髓里的痴迷。家里亲戚朋友都知道母亲杨氏喜欢玉器，流传开来后行走于各户人家的掮客们也开始上门。

这些女人带过来的珠宝都是其他大户人家拿出来交换的，当她们揣着玉器或者珠宝过来找母亲时，母亲总是很客气。在这些行走于各户人家的女人们眼里，杨氏眼光很好。如果能在她们手里看到中意的玉石，杨氏也会买下来作为收藏。在这些人的手里，经常能看到最新的花样珠宝还有不同的品质，耳濡目染间，严幼韵对于珠宝也有了一些概念。

母亲因为最喜欢玉石，还专门请人负责把选来的玉石切开，为严家上下制作各类饰品。从小严幼韵就有机会直观地看到玉石的制作过程，从石头到手镯或各种首饰，这样奇妙而惊喜的变化总会让她赞叹不已。

逐渐退出官场之后，严家人作为经商人家烙印在血液里的依然是讲究量入为出，讲究低调。家族人很多，但是由于家教很严，家风淳朴，孝顺懂礼，家族氛围很好。今天的我们都说，想要教育好孩子，就要给孩子当好榜样。很小的时候，母亲对待伺候外祖母的样子给严幼韵留下了深刻的印象。因为外祖母瘫痪，父母亲专门把外祖母接到了家里来照顾。母亲虽然里里外外操持着家里，依然把外祖母照顾得细致入微。

老吾老以及人之老，幼吾幼以及人之幼。身体力行间的教育比口头的要求更有用，潜移默化中，严幼韵对于孝道的理解很深，她在父母的榜样下深刻地理解了亲情这个词的重量。

从小严幼韵的血液里就有着严家人的慷慨、开朗、孝顺、懂事的基因。家庭生活的影响让她成为了一个阳光而向上的小姑娘。不论是什么时候，她的言语与形态中都有一种落落大方的气质。富养而不娇养，贵气而不娇气。从小过的就是真正的大小姐生活，却没有飞扬跋扈的样子；从小就享受奢华的生活，却不会对人颐指气使；她的教养让她看到的世界更宽广，从小眼界深远；父亲的温柔，母亲的平和，让严幼韵乖巧有礼，是人们眼中谦和懂事的大小姐。

十七岁的朱莉安娜

　　当严幼韵过完十岁生日时，父亲带着全家人从两层楼的老房子里搬到了一座欧式的三层小楼。富有远见的父亲这次搬迁的目的就是为了更好的发展，这种发展可以是孩子们的，也包括了父亲的商业版图。那座胡同里的老房子从此成为回忆，老胡同里有树荫浓密的巷子，随处可见的花草，她玩过的玩具，踢过的小毽子，这些都凝成了记忆里最甜美的片段。十岁之后，她的记忆与胡同再无相关，欧式小楼承载了她的少女时期。

　　这座欧式三层小楼位于法租界，父亲严子均用法租界一块很大的地皮建起了六所房子，分出了其中一块地捐给了教会用作建设天主教堂。六所房子四周空间开阔、风景优美，一所自住，还有五所都租赁了出去。现代化的欧式三层小楼，窗明几净，优雅华贵。不同于胡同里的狭小，这里更像是一座宫殿，雪白的欧式建筑里大而规整的玻璃窗，花团锦簇的阳台上阳光明媚，处处透着清爽与华贵。

　　在小洋楼不远处那一块很大的地皮也属于严家。这里是天津的市中心，严子均不仅看到这块地皮的价值，更有了让其发挥价值的点子。这里交通方便，治安良好，最适合建员工宿舍。于是父亲严子均把它建成了一座城中村，当年这里住的都是为严家工作的员工，为了更有家的氛围，这座城中村建得像一个北方小村子。房子都按农舍的样子去搭建的，每个房子都配有一个小院子。所有的院子里都有一间房子，房子里是统一建起来的火炕。这也是北方人最常见的院子设计，在整个房间里，火炕就是主要的活动区域。

天津冬天很冷，火炕做得很大很宽，四米长，两米多宽。只要在房门那里挂上厚门帘再烧起火炕，整个房间里就会温暖起来，女人们可以在火炕上面缝缝补补，孩子们在上面玩。一家子的衣服，被子都放在火炕上，到了晚上，把被子搬出来一铺，就是全家人的床。火炕外面就是大灶台，住客们可以在这里做饭。不论是再冷的天，只要外面的灶里烧着火，火炕就总是温暖如春。房间还有一个窗子，下面放着小桌子，供住客们使用。

这样的房子比胡同更好住人，如果谁能有幸分到这样的一个小院子居住，对于员工们来说简直就是天大的喜事。因为只要住进了小院子，不仅能在严幼韵的父亲这里拿到一份薪水，还能自给自足承担起生活。

这里离市中心并不远，买卖什么都很方便，房客也可以自己在院子里养鸡养鸭，甚至还可以养猪。勤快的主妇们不约而同地在院子里种了蔬菜，补贴家里的吃用。

因为离得近，严幼韵去"城中村"玩过很多次，每次严幼韵去玩看见的都是热热闹闹的气氛。小小年纪的她就学会带一些糕点过来和这里的小朋友分享。处事落落大方，见到谁都是亲热地打招呼，可爱而活泼的严幼韵在这里有很多的朋友。

因为那时还没有幼儿园，更没有托管所，有条件的人家都是父母花钱请先生在家里教学。除去玩耍的时间，严幼韵每天在家里跟着一位姓李的先生学习诗歌和中国古典文学，家里还聘请了一位专门的老师来教严幼韵英语和数学。自家请来的老师自然是有问必答，真才实学之外还有着很好的耐心。严幼韵懂事，自小跟着母亲看了一些古典小说，跟着父亲学了一些英文和数学，功课上面并不吃力，先生们都说她学得很好。

学习之外就是陪着母亲一起去旅行。母亲身体在生养孩子之后的亏空慢慢养了回来，依然喜欢带着严幼韵去旅游，她们去了很多的地方，父亲产业所及之处她们都去玩了一次。全国各地有名的古刹名寺都留下了她们的身影。母亲总说严幼韵有佛缘，有悟性。严幼韵似懂非懂，但也会乖乖点头。

如水般的日子很快就到了 1919 年，严幼韵度过了自己 14 岁的生日，女儿一天天长大，父亲的思虑更为长远，他希望自己的女儿生活圈能更大一些，能接触更多的人，而不是仅仅局限在家里。最终决定让严幼韵去学校上课，接触更广阔的世界。

严幼韵对学校没有什么概念，她一直在家里学习，根本没有进过学校。最后严幼韵在父亲的安排下进了天津中西女中。

作为捐赠者，父亲很了解这所学校，放心地把如珠似宝的女儿送进了这所学校。天津中西女中是所教会学校，校风严谨要求很严格。这里的教学语言就是英语，说英文对于严幼韵没有难度，因为她自小已经习惯了英文表达。教会学校是由教师和修女组成的，持身甚严的教会学校，对学生的品德与言行要求很高，修女们对于信仰与自律的意识也渗透进了学校管理的方方面面。中西女中有中国老师和外国老师，中西文化融合的环境里学生们眼界宽广。为了方便教学，进入中西女中的学生都要为自己起一个英文名。考虑到学生的实际情况，为避免重名，学校会为新入校的学生们提供一个备选的英文名。

严幼韵进入学校时学校给了她一个英文名，海伦。这个有些大众化的名字严幼韵并不喜欢，后来她自己起了个英文名叫"朱莉安娜"。起这个名字时她也不太记得是从哪本英文小说里看到的了，只觉得很特别不会与别人重名。老师也挺喜欢这个英文名，自此之后，朱莉安娜开始了自己的学校生活。

热情开朗，快乐的她与同学们相处得很好，同学们之间聊得最多的就是吃穿用度和时兴的衣裙。严幼韵最喜欢带着同学回家，然后相约一起去买东西。学校生活与家庭生活完全不一样，同龄的伙伴们带着家里的零食到学校一起分享，彼此之间的小秘密在笑声中飞扬。

少女情怀总是诗，美丽的心情像一曲天籁，只需轻轻的一声笑，便抖落了多少笑颜。父亲从来没有怀疑过女儿的适应力，每天看着女儿像个快乐的小鸟一样带着几位要好的同学回来用餐，唧唧喳喳地聊天。说着哪个老师最严，哪个老师今天又说了个笑话，餐桌都变成了笑声的海洋。严幼韵大了，自己的交际圈子也越来越大，朋友越来越多，放假时经常有女生在门口等着她出去玩。开明的父母邀请她们进来等，送上小零食一起聊天。没过多久，听到消息之后穿戴整齐的严幼韵就出现了，几个人笑语间，簇拥着旋风式地就出去了。

1923年，考虑到生意的发展和管理，父亲严子均带着全家一起迁往上海定居。因为要上学，严幼韵被留在了天津。从过去的走读生，变成了住校生。每到周末，严幼韵可以回到家里待两天。父母经常在天津上海两地往返，回到家严幼韵也经常可以见到父母。

住读生不同于走读生，各种要求都比不上家里自由自在，但因为住读的同学多，严幼韵反而过得更开心了。虽然家人都去了上海生活，但贴心的父母在天津小洋楼里依然留下了原来的女仆，厨子，马车车夫，门房，黄包车夫等仆人。

所以总体来说，严幼韵的生活唯一变化的就是与同学们相处的时间更多了。每天都能与亲密的朋友待在一起到了周末带着同学们回家玩，跟着同学们去买布料，找裁缝。姑娘们找的这些样式来自于各类报纸的时尚版，还有时是看电影里的穿戴。爱美的小姑娘们相互学着怎么打扮自己，怎么穿衣搭配。青春的艳光像一束遮不住的晨曦，单薄透亮地照亮了属于她们的青春时光。

严家对于女儿的宠溺体现在每一个细节，严幼韵的衣服多到穿不过来，同一件衣服都没有穿第二次的机会。家里经营着上海滩最大的绸缎庄，衣服自然多到穿不完。

除了穿，在吃这一块严家也是出了名的讲究。严家请的厨师水平很高，做出来的饭菜和点心都十分美味。严幼韵的朋友很多，她会经常带着同学和朋友回家吃饭，也因此同学们比严幼韵更期待美味的休息日了。

每隔一天，严家的仆人就会给她送来新的衣服和她最爱吃的零食，也经常会带来新的零食给她尝试。不论是送来多少吃的，她都会分给同学们。

严幼韵喜欢打网球，喜欢游泳。并且打排球，滑冰都是她的强项。有时严幼韵自己都会想，自己年少时怎么会有那么强的身体素质，爱动爱跳，仿佛毫不知疲倦。

严幼韵喜欢和同学们骑着自行车一起去买食物。一路风吹过来，阳光如碎金般洒向了街道，一路迎着风，骑着自行车，她还能愉快地放开车把手，尽享肆意的青春。而她的脚步不仅仅是停在上海滩。每逢假期，从管理严格的中西女校出来，放飞的心情就如同阳光下的白鸽。长假时她会坐火车从天津去上海看望父母。

每次要坐三天三夜火车才能到达上海，她坐的豪华列车上遇到的乘客多是外国人。火车上的旅程是快乐而有趣的，和天南地北的人聊天，听着来自世界各国的人们讲着自己国家的趣事，这也不失为一种增长见闻的方法。仆人陪伴着她，一路看着风景如水流过，年少的脸庞像鼓满风的船帆，映着朝气勃勃的眸子亮晶晶的像一只小鹿。

三天三夜的行程里，列车会在每个大城市停留。只要列车一停靠，蜂拥而至的小贩们就会把各类吃食递到列车窗口上来，异彩纷呈的美食，热闹欢快的气氛，食物的香气扑面而来，每一次的停靠都是她最喜欢的时刻。因为吵闹与喧哗，食物的香气混合着列车的味道，成了严幼韵的味觉记忆。这时的严幼韵最期待的就是德州扒鸡，她非常喜欢扒鸡的味道，会提前一两个站就开始想着扒鸡的香味，早早准备好钱，等待着靠站时的美味。

一路上，不仅有扒鸡，还有南京的盐水鸭和无锡的酱排骨。中华美食如此众多，哪怕是在高级酒楼吃也吃不到这火车上的味道。这种味道伴随着火车自由穿梭的气息，伴着少女时的心情，回忆里不能复制的美味，再加上一路风景相随，最终在岁月里混合成了独一无二的味道。这三样美食的交替上演，列车一路就开进了上海。

在严幼韵的心里，这一段行程就是由美食连接起来的，一路上经过的城市她也许一生都不会驻足，但是因为这些美食她对这些城市已经有了味觉记忆。这是属于她的独自旅行，像少女时的心事，有些隐隐的窃喜，也有着惊讶与期待。

她经常与父母一起坐中国商船去旅行。商船地方大，而且设备更完备，适合拖家带口一起去度假。船上配的中式法国大餐成为了中国商船的一种特色，还有人专门为了这个美食而选择坐船。船上的风总是更凉爽，衣袂飘飘伴着姐妹之间的嬉笑打闹，连美食也被染上了雀跃的味道。

当然了，商船再怎么舒适毕竟也是在水上航行，遇到风浪也会颠簸。时至今日严幼韵每次吃到鹅肝时都会有些反胃。只因她在中国商船上吃了这些，于是食物都带上了晕船的味道，这种味觉记忆也成了严幼韵直到晚年都觉得有趣的事情。

剩下的时间里就是努力学习，进入中西女校之后她要做的事情非常多。父母对她没有太多的要求，但学校的管理非常严格，她需要做额外的努力才能拿到好成绩。

严幼韵上完课之后还要完成钢琴练习，合唱团和体育活动。时间排得满满的，她还能抽出空来做运动。越是闲的人越是找不到事情做，日复一日虚度时光。越是忙的人时间越少，做成的事情反而越多。也许这只是因为时间越少，越珍惜能自由支配的时间吧。我们羡慕别人的多才多艺，却忘记她们也是普通人，为了自己的这份才艺必然要吃苦的。

学校里有她喜欢的课程，钢琴和合唱是她喜欢的科目。能做自己喜欢的事情，哪怕再忙，也心甘情愿。体育活动更是如此，很多时候她都会主动在体育课上做锻炼，完成更多的运动项目。

除了学校里的朋友和活动，严幼韵校外的朋友活动也不少。比如她的好朋友蔡丽莲小姐和朱玛丽小姐，每到周末蔡小姐牵头举行晚会，美丽大方的严幼韵总是受到热烈欢迎。朋友们家里总有派对，总有各式新鲜事物发生。严幼韵喜欢这样热闹的生活，两个朋友热情又面面俱到，跟着她们严幼韵也学了很多待人处事的经验。不论什么时候去蔡小姐在法租界的那所大房子，里面总是簇拥着热闹的人群和音乐声、交谈声欢快喜悦的宾客们济济一堂。

因为严幼韵年纪小，所以蔡小姐在晚会上给她安排的区域都是些年轻宾客。也是在这些晚会上，严幼韵认识了孔艾玛，经由孔小姐的介绍，认识了她刚从美国拿到机械工程学位的表哥阿尔法莱特。他们三个人玩得非常好，志趣相近爱好相同，颇有相见恨晚之感。晚会上还有一个区域则是蔡小姐专门安排年长宾客的位置。两处区域并不隔断，但是由于年龄差距，两方能谈的话题比较少，最多遥遥举杯点头微笑。这样的安排别具巧思，让宾客们互相聊天，又不至于因为聊不到一块儿而尴尬。蔡小姐不愧是最体贴的晚会主人，她举行的晚会也成了最有人气的场所，人人以能参加她举办的晚会为荣。

一个女子，最大的幸福就是在有身材有容貌的时候可以穿漂亮的衣服，绽放最美的青春光华。严幼韵正是这样一位幸运儿，每个时期就做每个时期应该做的事，少女时期的她每周末的晚会成了必备节目。人人都知道严家有一位大小姐聪颖漂亮，善于交际。父母对严幼韵很放心，鼓励她多参加这样的聚会。一方面能增长见闻，另一方面也能拥有自己的朋友圈子。

结识孔艾玛、阿尔法莱特之后，他们三个人凑在一起总有做不完的乐事，孔艾玛、阿尔法莱特一等到她周末放学就赶过来接她，吃饭，看电影，游泳，骑马。各式各样的活动层出不穷，最后忙得连晚会都很少参加了，天天和他们俩在一起玩。有了这两个朋友，严幼韵的生活圈子更大了，爱好更多了。

年轻的人们最珍贵的便是这如琉璃一般的澄澈心情。那年的那个暑假，不需要读书，不用想着家里，不用担心课业。严幼韵与孔艾玛、阿尔法莱特一起，开着车四处跑，跑到郊区去看朋友，跑去任何一个想去的地方，一起看美景吃美食。

后来三个人居然还异想天开地开车去了北京。那天的天气确实不错，三个人中午的时候开着车出发了，路况并不太好，只能通过一条颠簸的道路去北京。四五个小时的车程里三个人都很兴奋，从天津开到北京原来也没有多远，一路上都很顺利，三个人想过可能会爆胎，可能会因路况太差原路返回，谁知道什么也没发生。

那天下午，眼看着快要到了，没想到车轴却断了。这样的问题是她们无法修复的，也没办法移动，他们只能在路上等待过路人帮忙。

土路上灰尘漫天，三个人立在车子不远处的树荫下等，午后的阳光洒在近处的麦田和青草之上，喧嚣的蝉鸣映着枝头的鸟声，青春年少的三个人只觉得好玩，嘻嘻哈哈的不当一回事，反而认为这次的机会太难得。像探险一样激动人心。可惜的是这条路人很少，好不容易等来了一个人影，三个人开心得不得了，待人影走近，谁知道却是一个人牵着一头驴子。赶紧租了这头驴子让严幼韵坐上去。严幼韵当时穿的是高跟鞋走不了多远。可她从没骑过毛驴，本想着骑毛驴比骑马要简单一点儿，但是严幼韵刚要上去，毛驴就犯倔，左摇又摆地不愿让她坐上去。折腾了半天，三个人联合起来压着毛驴才勉强把严幼韵稳在了毛驴背上，不让她掉下来。哪知道毛驴前蹄突然跪下来摇着身子，想把她给丢出去。

毛驴的主人也没想到毛驴会有这样的反应吓得冷汗都出来了，死命地拖住毛驴。边上孔艾玛、阿尔法莱特心都快跳出来了，吃奶的劲都用上了才勉强扶稳严幼韵。闹了快一个小时，毛驴终于认命了不再乱动，但严幼韵心有余悸死死抓着绳子，深刻地思念起了自己家里的平跟鞋，只要有一双平跟鞋她就能自己走路回去了，不需要这样被毛驴嫌弃。

一路走，一路颠簸，毛驴缓过劲之后还是小动作不断，一会一个花样坐在上面的她简直比走路还费力。等到了北京城严幼韵整个人都快虚脱了。下毛驴的时候腿已经打抖了，站都站不稳，打了黄包车赶到北京的朋友家，严幼韵整个人已经不能说话了，在床上躺了一天才能起来走路。贴心的孔艾玛、阿尔法莱特为她请了按摩师，每天泡热水澡，按摩，希望她快点好起来再坐火车回去。

到了第四天，严幼韵稍有好转就迫不及待地与孔艾玛、阿尔法莱特一起回了天津。毛驴事件成了他们三个人之间百谈不厌的话题，那辆断了车轴的车也被拉了回来。严幼韵甚至会想念那头给自己吃了大苦头的毛驴，而阿尔法莱特那辆断了车轴的车也成了他们友情的见证。越是艰苦的事情，反而在后来的岁月里成了温柔的回忆。穿高跟鞋骑着毛驴也成了严幼韵最经典的造型，每次想起这件事严幼韵就忍不住地想笑。

沪江大学里的"84号小姐"

伴随着笑声与回忆，严幼韵迎来了自己的毕业季。1925年，她从天津中西女校毕业了，中学生涯结束，少女时代结束，小姑娘变成了大姑娘。

人生就是如此，一路告别，一路相遇相知相忘。天津给了她快乐的少女生活，友好的同伴，阳光下的微风，街道商店里香酥的美食，还有每一个骑自行车的时刻，道旁树洒下的翠绿光影。那些片段，串起了她的回忆，也成为了她最明亮的心灵角落。

毕业后严幼韵回到了上海和家人一起生活。孔艾玛、阿尔法莱特专门从天津跑到上海来找她，想要劝她和他们一起去美国上大学。

最重要的两个朋友都要去美国上大学了，严幼韵虽然想和伙伴继续在一起，但还是犹豫了。她不愿意离开中国，想留在上海。哪怕朋友们一再劝导，让她一起去美国上大学，严幼韵还是婉言谢绝了。父母家人都在上海，也没有什么人去过海外留学。孔艾玛、阿尔法莱特再三劝她，她仍是坚定地要留在中国。

最后两位伙伴遗憾离开，但允诺相互之间保持通信，坚守友谊。严幼韵笑着答应了，心里舍不得，但他们说美国离上海不远，想他们时可以去看望。只是人事易分，韶华易老，要到多少年之后严幼韵才会真正踏上美国的土地，而那时的她也已经没有了少女时的心情了。

彼时上海以沪江大学为最佳，只是往届沪江大学并没有招收女学生。事有凑巧，这一年严幼韵中学毕业正准备升入大学的时候，沪江大学放开了招生条件，拟招收第一届女大学生。父亲一听到这个消息就派人过来告诉了女儿和妻子。严幼韵一听这消息也高兴极了，本来她就喜欢留在家人身边。沪江大学一招女生，也就意味着她可以在自己最熟悉的地方读大学了，不需要去异国他乡了。

父母把她的学籍资料和成绩都寄到了沪江大学。不出所料，学业成绩相当优秀的她被沪江大学录取了，顺利注册学籍成为了沪江大学第一届女大学生。大学里要求住校，严幼韵对住校生活并不陌生，也很喜欢，但是真正进入沪江大学她才发现，这里的校规和管理比天津中西女中更为严格。

因为是第一届女大学生，所以整个沪江大学把管理重点调节到了对女大学生方面。当时社会风气女子不应抛头露面，更何况出来读男女生都有的大学？当时管理学生的舍监是美国人，叫普里斯特。这位女老师对于女大学生的方方面面都管理得非常严格。

除了正常的上课外，想要出门都需要得到她的许可才行。晚上根本不允许她们外出，访客也有严格的限制，男访客是完全不允许探访的，哪怕是自己的父亲也不能探访。诸多的限制里还包括了回家的次数，一个月只准回一次家。本来女大学生与外界的交往就已经很少了，再加上完全封闭的管理让女大学生成为了笼子里的小鸟，严幼韵根本没有机会与朋友们保持联系。

虽然一个月只能回一次家，严幼韵家里依然为她配备了女仆和汽车。而且她还拥有自己的私人司机，还可以替她跑差。每当严幼韵想买些吃的拿些东西，都可以派他去。

严格的管理，再加上家里的照顾，所以即使有再多的男生爱慕严幼韵，却始终连她的人影都看不到。他们只能在汽车开出校园时瞥到车窗里的模糊侧影，或者是在校园里远远地看到她的身影。严幼韵在学习方面不需要家里人操心，开明的父母并不像学校那样严防死守，但家里的保护也很严。一个女孩子特别是像严幼韵这样的大小姐，即使是在大学校园里读书也一样会有符合她身份的服务。

当时的沪江大学里，除了这几位女大学生，全是男生。这几位女大学生无一不是大家小姐，才华出众气质过人，自然成为了一众男生的梦中女神。其中又以严幼韵最为突出，当时她开的车的车牌号是84，所以男生就把她称为"84号小姐"。84在英文里念作 Eighty Four，在上海话里男生们就叫她"爱的福"。爱的福成为了男生们聊天时的暗号，暗含着思慕和竞争。

很多年之后，严幼韵才从女儿的嘴里悉知自己那两年的沪江生活，对于当时的男生们是怎样的冲击。而且后来严幼韵的女儿在姑父的介绍下，认识了一位老先生。老先生与姑父因为同患难相识。女儿去拜访的时候，发现老先生处境并不好，上海的小弄堂里，破烂不堪又昏热潮湿。老先生不认识她，但当她提到自己母亲严幼韵的名字后，这位年过甲子的老先生却瞬间亮了眼睛。立马询问是不是84号的女儿？并兴致勃勃地说，当年的严幼韵不仅是整个沪江大学生的偶像，更是整个上海大学生的偶像。他们好多大学生当时天天跑去沪江大学门口等着，就是为了看一眼严幼韵。如果有幸能看到一眼半眼，整整一天都会兴奋不已！

从女儿嘴里听到这些话时，严幼韵又惊讶又尴尬。原来曾经的自己一举一动都牵着那么多视线，居然还有人专门跑去打听自己的事情。

在沪江大学严幼韵只读了两年书就转学了。当时读到大学二年级时，沪江大学的校长换成了李锦纶。

虽然李校长态度很亲和，喜欢和学生们打交道。但对女大学生的管理却越来越严格了，当时一到周末，李校长与他的广东太太就会在家里招待学生们，了解学生们的学习情况，督促学生们好好上课。严幼韵周末就会让家里的厨师把最拿手的菜做好送到李先生家里，为丰盛的饭局加菜。自李校长来之后，男女学生连面都见不到，根本不认识，更何谈正常交往？在他家里每周一次的聚会成了男女学生们唯一能有言语接触的场合。

严幼韵的内心依然是期待着自由的，中学时代她就已经交了很多朋友，谁知道到了大学反而连正常的人际交往都变成遥不可及了。

严幼韵的父母历来开明，认为女生也应该多与人打交道，不应该过于固守男女大防。大学本是增长见闻的地方，每天除了宿舍就是教室的读书又有何益？所以父母开始考虑给严幼韵换学校了。

正在此时复旦大学也开始了第一届女大学生的招生工作，在大三那年，家里人把严幼韵送到了复旦大学读书。由于复旦大学是第一次招收女学生，连女生宿舍都没有准备好。她们要读书就得自己找地方住。

严幼韵与她一起转学的几个同学商量着在学校附近租下了一间公寓。这间公寓只是为了方便她们上学，大部分的时间严幼韵还是住在家里。复旦大学的校风更为开放，更为包容，学校活动多，层出不穷的创意新活动让严幼韵在复旦大学过得非常快乐。

很多时候，严幼韵的知识并不是来源于课本，而是来源于生活中接触到的形形色色的人与事。她的父母正是因为知道这一点，所以才会那样放心地让她发挥自我。对于严幼韵来说，读书并不是一种为了生计的选择，读书对于她来说，更是一种爱好，也是一种丰富自身经历的过程。

开明的父亲，对于儿女的培养富有远见，想让严幼韵走得更远，见识得更广。在这样开放自由的成长环境里她的性格更独立，对于人与事的看法也更为个性，敢怒敢言，敢说敢做。

当时很多的上海家庭对于女孩子的教育偏向旧式的贤惠，严家并不在此列，严子均认为女子要有见识，所以给女儿们提供了很多增长见识的机会。几个女儿中，又以严幼韵最开朗。因为看得多，年纪并不大的严幼韵见识卓著。她身边大部分的朋友都是外国人和思想开明的中国人，所以她的成长氛围是自由宽广和多姿多彩的。

生活里很多故事正是如此，不同的成长环境造就完全不同的人生。严幼韵相比于自己的大姐和二姐，她的中学生活完全是独立自主的。父亲为三个女儿提供了一样的条件，但只有严幼韵见识最广。比如说大姐的性格比较内向传统，不喜欢出去读书，只喜欢绣花和听京剧。严子均也没说不好，他从来不干涉女儿们的喜好，三个女儿都是听凭自由发展，性格爱好的不同，造就了三姐妹日后完全不同的命运。精神上，严幼韵与父母沟通的平等自由，她想做的，要做的都能得到父亲的支持。

生活对于她来说，就像是一幅锦绣的画卷，上面有着芬芳的色彩，更有鲜艳的情感。

当时的上海滩由于洋商的发展思想逐渐开放，女子读书也不再是一件稀罕事。可很多人家里认为读书也只是一种嫁人前的镀金，让她们有更好的谈婚论嫁的资本而已。在那个时代里，一个女人的终身大事就是要嫁人。女子不需要工作，只要把家里打理好，生儿育女开枝散叶就可以了。

几千年的男尊女卑依然深藏在当时社会的潜意识里，对于女大学生，社会处于一种矛盾而纠结的姿态，既希望她们能读好书，成为女子的典范，又认为社会是属于男人的，不准她们施展所学，毕业之后赶紧嫁人才是正事。有钱送女儿去上大学，成了上海滩人家彰显富贵门第的标志，但说到底，大学文凭不过是嫁妆里的一项而已。许多有机会读大学的女生也从来没想过毕业之后去工作，她们把大学当成了一项婚前的准备。

严家在这方面表现得更为开明，父母并不着急女儿的婚配，再加上严幼韵性格直率而纯真，并且因为见识过人，眼光也很高，很多与她同龄的男性友人她根本看不上。

在她的心里，要嫁的那个人一定是自己真心倾慕的人，哪怕那个人家世不如自己，只要能和真心相爱的人在一起，一起工作养家也无妨。严幼韵的性格，也成为了她一生的底气。多少年之后，那些期待着依靠丈夫生存的女人们活得艰难而憔悴，却只有严幼韵用自己的所学勾勒出了独属于她的绝代风华。

严氏家族的乐园

　　入读复旦大学之后，严幼韵更自由了。严家搬离了天津那座欧式三层楼房之后，住进了上海静安区地丰路路口，也就是嘉道理公馆附近。那里在老上海人的嘴里也叫大理石宫。严家在1923年时买下了这一块地，不断拓建之后成了严家的大本营。地段繁华又不失幽静，树林环绕一条公路直通大门口。

　　严家大宅覆盖了整个静安寺一带半个街区和地丰路整个街区。要想进到严宅，必须先经过正门的门房，里面有一个印度人和一个中国警察。印度人懂英语负责招呼来访的外国宾客，两人家都安在严宅里面。

　　院子正对着大宅主楼，以欧式为主，每个房间都有凸窗。整个一楼就是严氏的祭祀大厅，供着严氏的祖宗牌位。巨大的空间里庄严地摆放着严家的列祖列宗，陈列着福禄寿禧四尊瓷像。瓷像代表各路的财神，由专业的匠人制作的瓷像细致传神，面前是一字排开的大红蜡烛。平日里大厅里巨大长条桌上摆放着各色生鲜牲祭供品。到了生日，纪念日和节日，这便成了家人们最重要的场合。八十几口人整齐有序地跪着，耳边烟雾缭绕，长条桌铺着上好的金丝红绸，上面高高地摞着各色供品，各式各样的供品足足摞了八九层。

严子均重视传承，严家的小辈一出生就都知道有一个原则：决不能去一楼大厅捣乱。这是原则，也是对严家祖辈们应有的敬意。这些时常举行的盛大祭祀活动，让严家的自我认同感非常强。以严家为荣，感谢祖辈们的付出，感恩祖辈的存在，才能让今日的他们过上这样好的生活。

一楼祭祀大厅外有一个吃西餐的厅。这里是严家招待宾客的地方，西餐厅后面就是两个专门的房间，一个用来摆宴，作中餐招待。一个是用来会客的，严子均在这里听取手下汇报工作，招待亲朋，款待商业伙伴。

三层楼的大房子正面半圆的凸窗从一楼一直通向三楼。每层的大阳台都可以连到两侧房间，每层二十多个房间，每个房间都布置得很有特色，孩子们的房间温馨舒适，长辈的房间高贵典雅。

这仅仅是一楼的南面，在一楼的北面还有很多个小房间。家里子女多所以小房间里划出了几个专门留给孩子们作教室。严子均的书房也在这边，每天办公时都能顺便看到小辈们的学习情况。这里还有家里账房先生和账房先生八个手下的房间，因生意分布广泛，八个账房先生每天都是匆匆忙忙。

账房先生就是父亲的左膀右臂，要管着家里所有的事情，包括仆人的管理，薪水发放，还有给严家各房送上每月的零花钱，节日生日祭日办活动，办晚会，统筹一切事宜，登记所有进出的礼品。账房先生还管着家里大小的设施，维护，购置以及更换，小到换电灯泡，大到修房子。账房先生和手下们全家住在这里，井井有条地管理着严家的大小事宜。妻子杨氏一般都是吩咐家里的活动，再让管家安排采买。

严家大宅的二楼住的是二祖母，也就是严家无儿无女的二奶奶和严家大哥一家。大哥第一任大嫂生育了四个孩子，和第二任大嫂生育了四个孩子。因为房子设计得很合理，每个房间走廊都铺有地毯，厚厚的地毯隔开了噪音，也让每个人都能安静地过自己的小日子。而且每一层的楼梯处都有大大的门厅和 1.8 米宽的走廊，上下楼不影响房间里人的作息，孩子再多也不会觉得喧闹。

严幼韵和父母住在三楼。父母住的是三楼一套三房套间，单独有凸窗。三楼另一套三房套间则是给了从英国回来的二哥一家。这两套房间都有独立通向露台的走廊。严幼韵的房间居中，里面放着她喜欢的白色家具，全套欧式白色家具。

父亲给每一套房都配了单独的小厨房，里面炉子冰箱都有。严幼韵喜欢回家之后待在小厨房里给自己做西餐吃。严家人每房都有独自生活的空间，有自己的小厨房和卫生洗浴间，全天的热水供应，再加上每天仆人们按时打扫，这座严氏大宅不仅奢豪，而且非常舒服自由，保存了大家庭的温馨气氛，又留下了足够的个人空间。

三楼大楼后面起的一排小房间，就是服务区了。这里住的是女仆，还有各个小厨房的存储间。男仆住在后院车库的楼上。这里也是家里的水电间所在地。毗邻着一个大阳台，阳台大到可以骑自行车。仆人们可以在那里准备饭菜，晾晒衣服，每天各房都会在这里聊天散步。

严家大宅北面另起了一整排房子作为马厩和车库，车库很大，可以存下六辆车。如果宾客很多，车还可以停在大宅院子里。大院子里可以举行露天酒会，骑马，打排球，散步。每个房单独配了门房。如果有不满意的司机或清洁工向账房先生反映，自然会换新的过来。

家里每一个孩子还有自己的奶妈，每个成年的严家人都有属于自己的女仆。严幼韵很早就知道这所房子里每个人都有血缘关系，但因为良好的自由氛围，再加上父亲严子钧一视同仁的态度，每个人都不需要去讨好什么，一切都是亲切而自由。

严家总是热热闹闹的，一家四代人都住在严家大宅子里。家里人很多，每到吃饭的时候陆续回家的人络绎不绝。整个房子住了八十多口人，除了用餐和活动的公共区域，每房都有属于自己的一个大套房。父亲把所有的孩子都安置在这里，结婚成了家的也住在这里，男女老少，分外繁盛。晚上关起门之后各户又能拥有属于自己的小家庭。

这里是上海最好的住宅区，每到晚上凉风习习，家里各处都是温馨而祥和的灯光。小侄子们打闹的声音，还有家里长辈家长里短的絮叨声，都是严幼韵内心深处温馨的记忆。全家上下八十来口人只有严子均一个人在工作。每个月管家会把各房的家用送过来，如果还有其他用钱的地方也可以找管家要。大哥一直没有工作过，也不想工作。二哥结婚之后去了英国学习纺织技术，家里当时的纱厂需要技术支撑。二哥学完之后，准备回到家里的纱厂任管事。

这两个同父异母的哥哥与严幼韵年龄差距很大，彼此之间没有太多话题。严幼韵的生活着实丰富多彩，独自在天津的那几年也没有和家里人有太多的接触，不是太了解。印象里两位哥哥都是比较安稳的性格，只记得二哥在结婚后生下的大女儿严仁菖因为年龄太小所以没有跟着二哥二嫂去英国，由家里请的保姆照顾。

二哥一家后来在英国又生了两个孩子，女儿仁英和儿子仁丰。二哥一家在英国的所有开销都是由父亲严子钧负责，从学费到生活费，到房子租金，管家每月都会准时汇钱到英国。

除了留学在外的二哥，家人们在宅子里每天的生活很有规律。严家大宅里专门有一个大厨房准备着一天三顿饭。早餐在八点开始，中餐在十二点，而晚餐在六点。父亲严子钧对大厨房的要求是营养而全面，这是给所有严家人准备的，但是一般过来吃的都是仆人和小孩子，奶妈们带着孩子来吃饭。对于已经成年的严家人来说不如在自己的小厨房里吃更好，因为那样可以按自己的口味做饭。如果想吃什么新奇的东西，也能直接做了来吃，不用惊动大厨房。只要买来食材，不论是几点到了小厨房之后，都能将它们烹饪成自己最想吃的美食。

在严幼韵的记忆里，父亲母亲都是爱熬夜的人，每天睡得很晚，起得也很晚。

每一种不同的家庭生活都会培养出不同的儿女，父母平和安静，即使偶有争执，也从不当着孩子的面。成长在这样宁静祥和的环境里，严幼韵既活泼开朗也能安静独处。性格直率却不锐利。严幼韵还有一个非常疼爱她的女仆，每次女仆都会把最好的东西给她留着，一看到她回到了房间就急忙给她送过来。生怕她在外面吃得不好，每次回到家都给她煮东西，小厨房里总是弥漫着食物的香气。

严幼韵不喜欢吃早餐，女仆卡着时间给她送好吃的，让她一醒来就能吃到美味的食物。每天在家严幼韵必做的一件事是量身材。裁缝每天都会来严家，把新做的衣服送过来，然后再看看尺寸有没有变化，量完之后再回去为她们做新衣服。这样一位强有力的父亲给予了子女山一般的安全感。

父亲对于子女的教育是一视同仁，并不因为性别而有所区别。因为经济条件优越，在栽培子女方面不吝成本。不论是不工作的大哥，还是出国读书的二哥，只要子女们想做什么，严子均都支持。

在女儿身上，严子均更是宠溺，要什么给什么，他希望女儿们多长见识，这样才能真正立足于世，不需要受他人牵绊。一个女子，嫁人虽说是必然的，但在嫁人之前，要学的一样都不能少。在严子均看来，女儿总会要嫁出去，一旦嫁出去牵挂更多，只有在做女儿的这段时间里才最珍贵，最享福。不同于男孩，只要女儿们需要用钱，只要她们给账房先生写个条子就能直接拿到钱。

从小到大，三个女儿过的都是公主一般的生活。成年后想要做什么便都能做到。家里留学的不止二哥，还有严幼韵的二姐莲韵。她热爱学术研究，在南京金陵女子大学毕业后又去了美国留学。1919 年在美国史密斯学院学习，四年后获得了哥伦比亚大学化学硕士学位。

开明的父母，再加上良好的经济基础，严家子女的求学之路很顺利。对于父母来说子女的幸福是头等大事。天下父母有太多种，并不是每一个都像严幼韵的父母那样愿意给儿女自由的思想和空间。生在严家的女儿们是幸运的，更是幸福的。严家家教不需要对子女耳提面命，良好的家庭氛围已经杜绝了孩子们学坏的可能性。近朱者赤，近墨者黑，从小到大接触到的，看到的都是正面而积极的东西，子女们自然会向着积极的方向发展。

大姐彩韵在南京金陵女子大学毕业后，想到安徽一所条件艰苦的学校当老师。山区条件有限，自小过惯奢华生活的彩韵受得了吗？但开明的严子均和杨氏支持了女儿的决定，可惜几年之后回来的彩韵已是病体纤纤，只能回到上海来养病。虽然痛心彩韵的身体，但却不后悔彩韵的选择。

很多时候父母们害怕自由会带来纵容，但是严幼韵的父亲却是反其道而行之。对儿子们顺其自然的态度培养出了知书懂礼的儿子，对于女儿绝对的富养让严幼韵自小就有了超高的品位和生活情趣。

严幼韵热爱生活，热爱运动，热爱读书。她每天都过得非常开心，上海滩最新最好的东西总是第一时间送到她的眼前，而最好最优质的生活状态也在感染着她，熏陶着她。她喜欢有学问的人，不吝啬自己的一切，乐于分享，从小就习惯了接受，习惯了善意，不需要嫉妒，不需要费心机，因为父亲把她想要的一切都给了她。她从未有过为一件礼物而彻夜难眠，从未有为一件事而烦心过。她像一颗从未经过打磨的珍珠，光华自成。

母亲的女性形象也影响了严幼韵的性格，在严幼韵的记忆里母亲并不是一个一味迁就的人，母亲也有自己的爱好，有自己的喜乐，有自己想要的生活。父亲给了母亲想要的自由，让她去旅行，让她去天南海北游历，自小跟着母亲看遍山水的严幼韵，从来不觉得女人要依赖一个男人去悲喜。杨氏终身未出去工作过，但严子均却把杨氏视作家中最重要的人，没有妻子的存在，他如何能有这样温馨的家庭生活？

可以说，父亲给了严幼韵一生的安全感和公主一般的品质与生活，而母亲却给了她一个贤惠而不失独立，温和又不失棱角的女性榜样。

第二章

名媛生活·
流离中的优雅浪漫

她的预言逐一成真

　　每到周末严幼韵就会与朋友们去看电影。经常看的是美国大片，严幼韵喜欢里面的英雄和独立精神。即使是爱情故事，里面的女主角都是坚强自立。她与同伴们经常一起去的就是电影院和凯司令甜品店，每季的新片她都看，称得上是电影迷了，讲起每部电影都头头是道。在凯司令甜品店，她和朋友们喝茶，聊天，最喜欢里面的甜品。上海外国人大多带进来很多新式活动，滑冰、游泳、骑自行车她样样都玩得很好。

　　严幼韵的客人很多，除了女性朋友，还有很多男性的爱慕者。这些人每天都会到严家来看严幼韵，找时间和她聊天。比如大哥的女儿严仁美就是一个例子，她心里对这些追求姑姑的男生们自有一套评价标准，在心里给他们一一打分。哪些沉稳，哪些活跃，哪些带了新礼物过来而且玩得很好，哪些又带了书过来，一聊就是大半天。在严仁美心里，严幼韵就像一个大宝藏，她嘴里总有最流行有趣的故事，身上总有些别人想不到的新鲜玩意，每天都有朋友来找姑姑，而且追求者特别多。

　　小家伙们在一起还会八卦，谁更适合姑姑严幼韵，谁看起来更执著，谁和谁又为了约严幼韵的时间开始竞争了。严仁美很喜欢和姑姑严幼韵在一起，每天等着严幼韵回家，和她一起上楼吃东西。小小的严仁美，自小就对严幼韵很崇拜。在她的心里，严幼韵的爱慕者实在是太多了，连她都能数出一长串来。当然，对于这些都想当她姑父的大男孩们，严仁美也是有自己的想法的。她有时还会说，这个男生不好呀，你看这个花的颜色你明明就不喜欢。或者是，那个男生上次聊的故事好有趣，真希望他能再来陪我们聊天。每到这样的时候，严幼韵总是啼笑皆非，有这么一个鬼灵精的侄女，实在是可爱。

严家像严仁美这样大的小孩子还有很多，每次那些追求者想要约到严幼韵，还得先过了他们这些小家伙这一关。严家有女初长成，追求者众多。多到大哥二哥的孩子们都知道点评一二了。甚至为了了解严幼韵的行踪，还会买些小礼物，哄这些小家伙们开心，让她们帮忙去严幼韵那里说些好话，问严幼韵去哪里了，什么时候回，喜欢什么礼物，爱看什么电影。吃着东西，玩着小礼物，聊天说笑话，细数今天谁又在会客室等了半天，严幼韵的追求者们的表情动作都被这些小家伙绘声绘色地学了过来，每次都逗得严幼韵哈哈大笑。

严幼韵很喜欢这些小家伙，每次回家都会给他们带好吃的，有时是蛋糕，有时是严幼韵自己做的东西，比如法式的皇家奶油鸡之类。严幼韵的手艺很好，而且总有新故事说。漂亮的头饰，可爱的衣服，甚至是好看的小玩具之类，严幼韵上街看到就会给他们买。

侄女严仁美最喜欢的就是看着严幼韵在衣柜里找新衣服，坐在梳妆台上打扮，画眉，扑粉，打点发型。有时严幼韵也会偷偷给她描一点口红，满足小家伙臭美的心愿。每次严幼韵梳妆打扮的时候，严仁美就笑眯眯地偷笑，她知道自己漂亮的姑姑肯定要下楼约会了。严幼韵打理完毕收拾妥当之后，到一楼的客厅里去接待到访的朋友们。一楼的客厅里早早地等着几位已经陪着严家小家伙们玩了半天的大男孩。

当时有一个叫陆钟恩的大男孩是足球健将，他是严仁美心中姑父的第一人选。这个陆钟恩，不仅人长得很帅，而且讲起话来妙趣横生，每次都能让他们这些小家伙们开心不已。陆钟恩一有空就会跑到严家来找严幼韵。

虽然追求者众，但是严幼韵不着急嫁人，也不着急谈恋爱。在她看来自己必然是要找一个情投意合的人，要找一个值得自己尊敬的人。一家有女，百家求。对于严幼韵来说，这些来探望自己的朋友们陪伴着她过了最惬意的时光。爱慕者的赞美和期待更是时刻提醒着严幼韵的魅力所在。没有心动就不让对方为自己舍生忘死，这是严幼韵的原则。但严幼韵没有想到的是，正是她这份原则让这些爱慕者们更喜欢她。

因为不轻易允诺，所以这些追求者们更相信她是一个值得自己等待的好姑娘。这些大男孩坚信精诚所至，金石为开。可惜现在追她的这些大男孩们还没能给她心动的感觉，她珍惜他们对她的好，但是也不轻易允诺。每个人在爱情里都是胆小鬼，期待爱情的甜蜜，又害怕失恋的痛苦。严幼韵对于这些追求者们温和而理性地保持着朋友的界限，不会也不准他们为自己付出太多。

在待人接物这方面，严幼韵尺寸把握得很好。从小时候起，每天去严幼韵家里的人就有很多。有的说谎话，有的说实话，有些话则带着某种目的。她从小见多识广，再加上父母的指点，严幼韵很早就学会了如何处理人际关系和自己的情感。

他人的倾慕是一种肯定，处理不好更是一种压力。能保持朋友关系又不伤害到彼此，连严子均都说女儿幼韵在这方面处理得很好。

除了那些异性朋友，当时和严幼韵还有一个要好的朋友海伦小姐。她们经常去兆丰公园散步，兆丰公园里不仅有动物园，还有咖啡馆，还有各种应时应景的新奇活动和游乐项目。每一次去公园，两个人都会巡视一圈，看看有没有新东西上场。因为公园为了招揽生意经常会推出一些新东西。

有一次，严幼韵和海伦等几个人又到了兆丰公园，这次看见了一个新开的露天摊子，上面写着"看手相"。严幼韵很好奇，海伦更是跃跃欲试。

这个露天的摊子是帕珀小姐开的，同行的几个人，决定让帕珀小姐帮她们看看手相，看看未来的自己是什么模样。帕珀小姐先看了海伦的手相，告诉她会有两个丈夫。吓得海伦直接哭了出来。严幼韵也是大惊失色，海伦可是刚新婚不久，两口子蜜里调油似的好得不得了，怎么会有两任丈夫。

海伦这一哭却没能打动帕珀小姐，她说，这就是海伦手相上预示的未来，她看到的就是这样。海伦呜咽着退到了一旁，心里将信将疑却止不住内心的惶恐。接下来帕珀小姐给海伦的姐姐德罗西看了手相，这一次结果却有不同。德罗西的手相是衣食无忧，可惜并不幸福。德罗西的未来看起来也不怎么样。

爱丽丝也让帕珀小姐看了手相，只是这次帕珀小姐给出的结论更是不好，她说爱丽丝未来会有很多的儿女，但丈夫并不忠诚而且很穷。

爱丽丝没有想到自己的未来居然会是这样，但教养良好的她并未多说，只是暗暗把这句话记在了心里，一切只能等时间来定夺了。轮到严幼韵了，帕珀小姐仔细看了看她的手相，说她的未来必然是四处游历且不会固定居住在一处地方。身边陪伴的人都是些穿着正装，并且戴着高帽子的大人物。

严幼韵很惊奇，这是为什么，她当时连读大学都是在国内读的，再怎么四处游历，也不可能没有一个固定的地方居住。而且她当时虽然认识一些穿着正装的大人物，但是每一个都没有深交，与她一起玩的都是年龄相当的年轻人，个个都是无官一身轻快活得很。

人总有一种窥探未来的想法，才会去看手相去找人算命。实际上人的一辈子，遇到什么，成全什么，得到什么，失去什么，只与自己的努力有关，再会看手相的人也决定不了任何人的未来。越是独立的女子，就越可能有自己的一片天空。

严幼韵并不关心未来会如何，她只需要知道自己想要的是什么就可以了。

这几个姑娘们不会相信，帕珀小姐在她们十几岁时看下的手相竟真的是总结了她们的一生。严幼韵她不会明白的是在四处游历的同时，她将承担起怎样的重任，她更不会明白陪伴在身边的大人物们需要她自己付出多少的努力才能平等交流。因为不卑不亢，因为拥有一种对人生的定力，所以坚守自我独立生存。不依靠他人只依靠自己的能力，用自己的双手让自己过上了想要的生活。而这些，也是很久之后的故事了。

当帕珀小姐说完后，大家觉得最不可信的就是对严幼韵的结论。严幼韵家世这么好，父母怎么样也不会给她过一种居无定所的生活。她是如公主一般娇养大的千金小姐，身边陪伴大人物还能说得过去，但居无定所一定不会是她的未来人生。

当人花钱花精力去探知了未来漫长岁月里的人与事真的得到了答案后，却是将信将疑。她们不敢置信，也不敢尽信。未来还没有来，一切都没有到那个时间点。只是在很多年之后这位帕珀小姐所说的一些话都成为了现实。

严幼韵的父母倒没有操心这么多她未来的事，他们每天想着怎么去拒绝别人的提亲。严幼韵刚满18岁媒婆们已经开始忙碌了起来，每天都有上门来提亲的人。母亲平生第一次严肃地与严幼韵谈了一次，她希望严幼韵能有自己的主张，也想了解一下严幼韵对自己婚姻的态度和想法。只是没有想到严幼韵早已经准备好了这个问题的答案：自己想要找的人，必须是能够赢得自己爱慕和尊敬的人。无论他是否富裕，只要满足这两点，她都愿意嫁。

这样回答真的是超乎了严幼韵母亲的想法。但是她的惊讶多过于担心。也许母亲的内心也隐约知道，自己女儿课业优秀能力突出，如果出去工作是她真心所愿，也不会吃太多的苦。女儿的性格与能力很好，有能力解决问题。而且女孩子一旦嫁出去了过什么样的人生都是自己选择的，作为母亲只能祝福。母亲一贯的宽容和理解，让严幼韵能自由地表达心声。

母亲希望女儿幸福，也明白女儿已经过惯了这样奢华的生活，如果选择了另一种人生，必然也是心甘情愿才会去做的。只要是女儿真心所愿，她不会反对。爱，就是无限包容，无限支持与理解。当今世上，太多的父母打着为子女好的旗号决定了子女的人生。没有沟通，没有自我，子女成为了父母完成自己梦想的工具。被父母安排好的道路再好的风景也是寡淡，人生就在于选自己想要的路，过自己想要的人生，而严幼韵幸福就在于拥有开明的父母。

追爱之下午茶舞会

青春如一朵自然绽放的花朵，不经意间就吸引了人。严家几个儿女都是上海滩出众的人物，严幼韵更像是一朵绚烂的花朵，而每当她翩翩起舞的时候，总是会成为焦点。

严幼韵最初是由家庭教师教的跳舞，在学校里也有学。家里按孩子的年龄分阶段培养，严幼韵越来越会跳舞，更爱上了跳舞。友人们聚会总会约上她，就是为了有机会能与她共舞一曲。

在大华饭店的舞场上，她一出现就会吸引了很多人的注意。出身高贵家教严谨，性格开朗学业优秀的严幼韵总是笑容满面，身姿轻盈地活跃在舞池里。那时的上海已经普及绅士风度，男士们邀请心仪的女生都会先旁敲侧击，打听到女生空闲的时间，再庄重地写好帖子，寄帖子到女生的家里，等到肯定的回复之后，再按约定好的时间提前去接女生。上车开门下车轻扶，这样的风度翩翩才能算一次正式的约会。

如果女生不愿意单独去赴约，男生就会锲而不舍地打听女生的家庭住址，然后和朋友们一起去拜访，或者能创造出相处的空间，想尽办法就是要把女生单独约出来。属于严幼韵的那份爱情，也是这样到来的。

在一次舞会结束之后严幼韵开着自家的 84 号车，疾驰而去，惊鸿一瞥惊艳了正巧过路的杨光泩，他对严幼韵一见倾心，霎时愣了神。再想看时佳人却已经驾车走远。

回过神来的杨光泩马上开车尾随严幼韵，杨光泩胆大无畏，迫切地想要知道这是谁家的小姐。严幼韵当时是去赴约，杨光泩紧跟不舍，等到严幼韵的车停好后，杨光泩大喜过望，因为这是格蕾丝·王家，杨光泩与王家是好友。

确认好之后，杨光泩便驱车离开了，因为他心里已经拿定了主意。上海的交际圈在正常的社交途径里杨光泩是没有机会认识严幼韵的。因为他俩的年龄差距有点大，社交场合里都会被分开招待。这一次因为格蕾丝是严幼韵的女性朋友，她比严幼韵年长，所以格蕾丝认识杨光泩，但严幼韵不认识杨光泩。而且在严幼韵当时的朋友圈子里，并没有杨光泩这样年龄的人。

一无所知的严幼韵与格蕾丝聚会之后，开心地回到了家。第二天，严幼韵就接到了格蕾丝的下午茶舞会请柬。她没有多想，因为朋友之间彼此约跳舞是很常见的事情。请柬上说舞会是在大华酒店，这一点倒是严幼韵有些意外。因为当时那段时间并没有什么重要的日子，并不需要到大华酒店那样的地方消费。

大华是当时上海滩最豪华最时尚的酒店，在收费和档次上标准很高。舞会是严幼韵的最爱，她猜想也许是王家有什么重要的事情宣布所以安排了这场舞会，于是她备好了礼物，准备好了第二天要穿的衣服，就怀着期待的心情睡着了。

在人的一生中，很多的转折都是在一个平凡的时刻出现的。也许当时平凡无奇，但要在岁月逝去很久之后，才会在有一点突然意识到，原来在当初那个不起眼的时刻，自己命运的轨迹已经悄然更改了。正如那晚的严幼韵，命运的转轮已经悄悄转动，而她的梦依然甜美。

第二天，严幼韵按请柬上的时间赶到了舞会，刚和格蕾丝打完招呼就被一双灼热的眼睛发现了。

杨光泩几乎是一瞬间就闪了过来，他热情地迎上来向严幼韵介绍自己，他风度极佳的绅士礼仪加上全场体贴却不让人反感的照顾，让严幼韵对他留下了很好的印象。虽然在此之前并没有见过杨光泩，但看着格蕾丝的表情，也猜测杨光泩应该也跟她很熟，所以严幼韵没有拒绝杨光泩第一支舞的邀请。严幼韵没想到的是杨光泩的舞跳得非常好，简直可以说是魅力四射。一表人才的杨光泩，配上娇艳如花的严幼韵，两人初次合作就如鱼得水，舞姿流畅如音符流转，赢得了舞池里阵阵掌声。

第一支舞合作很愉快，接下来的杨光泩顺理成章地一直陪着严幼韵。两人几乎没有换舞伴，从舞会开始到结束，都一起合作跳舞，并且合作次数越多两人的默契也越来越好。杨光泩一表人才，说话有礼而风趣，讲的那些外交趣事逗得严幼韵一直笑个不停。她没想到杨光泩有那么多故事和笑话，只感觉有点相见恨晚。

很久之后，严幼韵才知道，原来这场豪华的舞会就是杨光泩特地安排的。因为那天初见严幼韵之后，杨光泩托朋友四处打听，知道了严幼韵最喜欢跳舞。一思量，杨光泩就定下了巧妙的约会方法。下午茶舞会光明正大人来人往，是认识的好时机。杨光泩自己也非常爱跳舞，所以再三恳求格蕾丝介绍并组织这场舞会，只为结识这位让他惊艳的姑娘，严幼韵。

自此之后，杨光泩对严幼韵展开了疯狂的追求。每天固守在严家门口，带着花，带着礼物，安排好一天的节目，彬彬有礼地邀请严幼韵同他出去约会。如果严幼韵不同意，杨光泩也不急，就进严家陪她聊天，在客厅里面对一大堆追求严幼韵的大男生侃侃而谈。

杨光泩对严幼韵就是一见倾心，不仅多方照顾，还会对追求严幼韵的男生摆出大哥的姿态照顾他们。一来二去，那些追求者们也被他击退了不少。

当时的杨光泩已经是外交官，举止得体，优雅内涵。再加上优越的家世，良好的教育背景，让严幼韵和他的相处极为愉快。

严家父母依然给了严幼韵最大的自由度，不发表任何意见，也不干涉严幼韵的选择。不仅是对于杨光泩，家里的门房从来不曾为难过那些拜访严幼韵的客人们，一楼的客厅里总是充斥着各种打招呼的声音，在那里，既是年轻人看不见硝烟的战场，也是严幼韵的日常。严幼韵的追求者们之间甚至定下了心照不宣的君子协定，公平竞争，看最终谁能俘获严幼韵的芳心。

杨光泩是一个机智聪明的追求者，虽然他认识严幼韵较晚，但不妨碍他后来者居上。他第一次进到严家就看见了大量的追求者都在等着见严幼韵，他希望取得先机，于是精心策划了很多方案。

比如说杨家与严家的父母其实都相互认识，但是杨光泩却希望能有一次正式拜见的机会。于是借着一次朋友们打牌的机会，杨光泩向严幼韵借了十块钱。严幼韵没有多想，拿给了他。

第二天，杨光泩专门挑了一个严家父母在家的时间前来拜访。当时的严幼韵还没有出门，正在陪着父母一起聊天。当门房传报说杨家公子要过来还钱，严子均和杨氏很是纳闷，于是问起了严幼韵。

还没等严幼韵解释清楚，杨光泩就风度翩翩地走了进来。借着还钱的名义，好好地在严幼韵父母的面前做了一番自我介绍，正式地拜会了严幼韵的父母。杨光泩的这一招，让严幼韵都觉得他既机智又狡猾。

再比如说杨光泩发现在严幼韵家的房子下面经常有抱着吉他唱歌的追求者，还有人捧着一捧鲜花痴痴地等她下楼。竞争者各出奇招，严幼韵的那些小侄儿侄女们也早早有了看好的"姑父"人选。而且在大侄妇女严仁美的眼里，最近才过来的杨光泩与追求者一号陆钟恩相比还是有差距的。

当时严家的小辈都更喜欢陆钟恩，一方面是因为杨光泩瘦瘦小小，陆钟恩却是健壮高大，外表很讨喜。另一方面是情感因素，陆钟恩追了严幼韵太久太久，从感情方面来说，这些小家伙们觉得也应该是陆钟恩能赢得芳心。

那时只要是过来找严幼韵的男性追求者，都会被这些调皮的小家伙们拦住，直接挡在客厅前面，非要他们磕头才肯放他们进去。话说这群孩子大多都是杨光泩素不相识的，但是杨光泩却很聪明，他每次过来都会带上自己的妹妹杨立林，立林手里都会拿上很多小玩具。

这办法非常灵，小家伙们看见立林一过来，就看上了玩具，小家伙们就都分散了注意力。立林和她们一玩起来，杨光泩马上就偷偷溜进去了。弹着吉他和捧着花的那些男孩子们简直是叹为观止，他们没办法进去，但杨光泩却能偷偷溜进去。

立林年纪还不大，所以对于哥哥光泩的这些事情半懂不懂，好在严家大宅能玩的地方太多了。即使不知道光泩为什么总往这位姐姐的家里跑，但严家小孩子多，又很好玩，很快立林也喜欢上了严家。

没过多久，这些小家伙们识破了杨光泩的手段，开始制造恶作剧阻止杨光浧偷溜进去，可惜一段时间后，小家伙们想出来的恶作剧都玩不过杨光浧，全都服气了，自愿认输抱着玩具和立林玩去了。这样一来，杨光浧就能堂而皇之地坐着等严幼韵了。严幼韵听起小家伙们对杨光浧的评价每每都是笑得喘不过气来，这些趣事也成了两人聊天时的谈资，两颗心在不知不觉中慢慢靠拢。

杨光浧追求严幼韵后不久，妹妹严华韵准备结婚了。妹妹华韵结婚的时候只有十八岁，而提亲的丈夫只有十七岁。两个人按照最传统的盲婚哑嫁，结婚之前，两人没有见过面。严家父母也为小女儿准备了丰盛的嫁妆，丰盛到新郎的家里只需要准备婚床就可以了。这段时间里，杨光浧开始和严幼韵走得更近了些。

严幼韵理所应当地成为了妹妹的伴娘。华韵的性格不同，她接受媒人的提亲，认同父母之命媒妁之言，父母尊重她的心愿，尽全力为她找一户好人家。同是一母所生，其性情却完全不同，幼韵也想不通其中的缘故，但盲婚哑嫁的华韵眼神却是满满的幸福。在那一刻，幼韵似乎理解了什么叫幸福。只要自己愿意，又何须在乎他人的眼光呢？

伴娘礼服的事情严华韵没有什么想法，全权交给了严幼韵来设计。严幼韵参考了很多的欧洲时装秀，为自己设计伴娘服。严幼韵的想法很时尚，她结合了中式立领，再加上下身时尚的裙子，制作出了一件极富特色的伴娘裙。为什么要用中式立领，这是因为妹妹华韵很传统，她没有去学校读书，也不喜欢烫发。华韵最喜欢的发型是传统的辫子，最喜欢的娱乐活动则是听京剧。严幼韵设计伴娘服就是考虑到了妹妹华韵的性格和爱好，才会想出中西结合的风格。在那个年代，婚礼上使用白色着实是大胆的举动，严幼韵不仅用了最大胆的颜色，而且制作出最亮眼的伴娘服。

妹妹华韵结婚的时候，整个严家大宅迎来了 1929 年的春天。在春天的一个吉日里，两方亲友会聚一堂，在整个严家的花园里支起了一个巨大的帐篷，里面放的全都是给华韵的嫁妆。嫁妆里包括了所有的东西：桌子，柜子，银器，金器，玉器还有被面，桌面衣物等等。结婚庆典持续了很多天。男方把所有的聘礼首饰都送了过来，浩浩荡荡装了几车。在整个婚礼中，华韵坐着汽车去新郎家时是唯一有现代风格的一件事。

那一天高朋满座，处处都充满了喜气洋洋的人们在笑闹。严幼韵一身美丽的白色纱裙看起来既端庄又雅致，但她的心里却有些走神，完全没有设计伴娘礼服时的雀跃和兴奋，原因是杨光泩当时正在医院做阑尾炎手术。

杨光泩不想让父母担心，整个手术没有告诉父母，在杨光泩住院的那段时间里，家里人以为他是在工作，在出差，谁都没有想到他会在动手术。只有严幼韵一个人知道真相。一等到婚礼结束严幼韵就奔向了医院，在她心里杨光泩虽然还不是男朋友，但是冲着他对自己的这一份信任她也有责任去照顾好他。严幼韵每天都会去医院陪他。也是在这段时间里，两个人的感情迅速升温。

别人的爱情是花前月下，他们的爱情却是在医院里生根发芽。一个有内涵又聪慧的伴侣无疑让人动心，何况杨光泩作为外交官又年长严幼韵几岁，两人的相处处处都带给了严幼韵很多动心的地方，医院把一切外在的因素全部剥离，这里只有一个需要照顾的杨光泩。两人开诚布公自由聊天，心随之靠得越来越近。

严幼韵也没有想到自己的缘分会以这样一种方式到来。更没有想到的是在众多的追求者中，那些咖啡馆电影院都没能打动她的心。却在杨光泩只能依靠她照顾的时刻沉沦在了爱情里。

杨光泩此时 28 岁了，已经有了很丰富的阅历。严幼韵没有出过国，没有工作过，认识他之前她每天就是读书和上学。当杨光泩提起那些工作中的见闻，说起那些远隔千里土地上发生的事情时，她的心沉醉了。她真心的敬佩他，仰慕他。就这样，杨光泩赢得了严幼韵的芳心。和杨光泩相处的每一天，严幼韵都能学到知识，增长见闻。而杨光泩也爱着严幼韵的这份纯净与优雅。

自由恋爱结出的果实自然甜美，几个月后，杨光泩正式向严家提亲，两人完成了订婚仪式。

杨光泩很早就向严幼韵说过自己的成长经历，他生于 1900 年 7 月 14 日的上海。杨家是做丝绸起家，家业丰厚。1920 年杨光泩在清华毕业之后，得到了公派美国留学的机会。年少时就聪慧的他，在美国的学习生涯里得到了普林斯顿大学国际法和政治学博士学位，在毕业之后，凭自己的努力，杨光泩得以顺利进入中国驻美国公使馆任三等秘书。后来历任大学里的中文教授，华盛顿美国大学远东历史讲师。

越是看得多，越发现自己祖国的贫困积弱。即使前途光明，他也不愿意在美国生活，便在 1927 年回到了中国，不久之后应清华大学邀请担任了政治学国际法教授，同时也担任着北洋政府外交部顾问。

缘分正是那样奇妙，他才回国一年便初遇了严幼韵。也是在这一年，他接受组织安排成为了外交部驻上海特派员。这样的工作性质让他有了更好的条件去追求严幼韵，而且也认识了更多的人。

他的工作就是结交与招待宾客，与各路人相识。他需要策划各类活动与晚会。这位拿过很多网球冠军，会跳舞的外交官，一扫从前外国人对中国人的呆板印象非常讨人喜欢。在外交场合，需要的就是拥有好人缘善良大度的人。杨光浤性格开朗，乐于助人，每个与他合作过打网球的人都很期待第二次再跟他打。杨光浤在这份工作上面游刃有余，再加上善良大度随和亲切，每个人都愿意参加他举办的活动。

杨光浤在生活上却是非常早熟。由于自小出国留学，家里的父亲虽然是大绸缎商，但是本质上却是一个花花公子类型的人物。不同于严幼韵的父亲，杨光浤的父亲完美地诠释了何为甩手掌柜。当杨光浤出国之后，家里每年都需要支出大量的钱财来支持他学习，母亲在家里的境况很不好。父亲并不重视他的母亲，一方面是因为杨光浤的母亲是侧室，另一方面则是因为支持他出国家里花了很大一笔钱。经济比较吃紧，所以给母亲的家用非常少。他出国那几年，母亲的生活很不如意。即使如此，杨光浤对于父亲依然很感激，他非常感谢自己的父亲愿意出这么大一笔钱供自己读书进修。

但父亲对于家庭财政缺少规划，不会主动去安排子女的前途。杨光浤完全是靠自己的努力得以拥有公派留学的机会，但是杨家比他更小的弟弟妹妹却没有这么高的天赋。杨光浤早早就成熟了起来，当他有能力之后对自己的四个弟弟与三个妹妹，倾注了如父亲一般的关怀。因为自小喜欢独立，所以严幼韵的性格才会如此让他着迷。

杨光浤的愿望是给严幼韵一个终生难忘的婚礼。婚礼的日期定在了 1929 年的 9 月 8 日，两人决定在大华酒店举办，这里是他们相识的地方，值得纪念。严幼韵请了自己的侄女严仁美担任自己的伴娘。人生中第一次当伴娘的严仁美这时才 15 岁。除了兴奋，严仁美更多的是手忙脚乱。

严幼韵的婚纱和伴娘礼服都出自于上海最著名的法国设计师加内特女士之手，严幼韵要求所有的礼服都要有中式的领子。也许从内心深处，严幼韵对于传统文化是有着潜意识的喜爱。父亲严子均没有对这场婚礼发表任何看法，他是这样的父亲：如果女儿要父母来安排，他会给女儿安排到极致，就像华韵的婚礼一样。但是女儿没有要求的情况下，他只负责出资，所有事情皆由两个年轻人自己做主。

严子均是一位传统的旧式商人，在那个穿西装打领带的氛围里，依然是穿着旧式的袍褂，所以对于自己女儿严幼韵这个西式婚礼，他是真的有些摸不着头脑，想提点意见也不知道说什么。所以婚礼还是交给年轻人自己去操办。

新郎杨光泩很积极，每次的讨论他都要参与，所有关于婚礼的东西他都要亲自过目亲自把关。甚至，他还一再要求，所有的东西都要用最好的，只有最好的东西才能配得上他美丽的新娘！

新郎杨光泩请来的主婚人是当时的外交部长王正廷，而证婚人则是杨光泩的上司陈世光。杨光泩还请到了一位美国国会议员出席自己的婚礼，可惜严幼韵根本不认识这些人。但在严子均眼里，杨光泩的态度很让他满意。越是重视，才会如此兴师动众。就像他自己一样，他也弄不懂结婚为什么要穿白色，也搞不清为何成亲不要拜父母，但依然按照西式婚礼的流程，认认真真地完成了整个仪式。但当他牵着女儿幼韵的手，把女儿交给了新郎杨光泩时，放手的那一刻，严子均突然有些心酸，仿佛这一放手，女儿就变成了别人家的妻子，再也回不到那些从前的时光了。

离开是为了更好的成长，一代又一代的人在放手与牵手中更替，离开父母成家立业，一步一步走向自己的人生。

结婚意味着一个新家庭的诞生，也意味着杨光泩与严幼韵从此将把彼此当作最重要的人。严幼韵在这次婚礼之前就已经知道杨光泩把杨家大小事物都安排好了。他不仅为自己的每一个已经成年的弟弟都安排了一份好工作，而且也给自己的父亲谋得了一份好差事。妹妹杨立林由于年纪太小，所以和最小的弟弟一起，在杨光泩的安排下去读书。而他做这一切的目的就是想在婚后与妻子享受独属于他们两个人的婚姻时光。

婚礼圆满结束，家里的事情早已安排妥当，弟弟妹妹的前途也得到了保障。杨光泩一步一步地实现了自己的想法，准备带着自己的新婚妻子严幼韵出国去欧洲度蜜月。在离开之前，他们商量着如何去告别。

杨光泩带着妻子严幼韵在上海愚园路与自己的母亲住了一段时间。杨光泩的母亲很满意自己的这个儿媳妇。儿媳妇美丽大方，出身高贵又平易近人，性格开朗饱读诗书，与自己出过国的儿子有着说不完的话题，在待人接物方面比自己的儿子也丝毫不逊色。她对严幼韵的爱直接又简单，在愚园的日子里，杨光泩的母亲每天都是开心地操持着小两口的生活。他们想吃什么就赶紧去准备，他们要去哪里玩就提前安排好。哪怕是严幼韵随口的一句喜欢或者不喜欢，她都会记在心里。一家三口过得其乐融融，连严幼韵的母亲杨氏都说这样的婆婆会把严幼韵宠坏的。

住在愚园的日子，每天都有人来邀请这对新婚夫妻赴约，有时是宴会，有时是舞会，有时是下午茶聚会。

只是这段相聚的日子很短，南京国民政府的任命下来之后，杨光泩成为了外交部情报司副司长，兼任外交委员会主任委员，严幼韵跟着杨光泩到了南京。宴请不断，聚会不断，每天的日子快乐又充实。

新婚夫妻格外甜蜜，再加上朋友欢聚，日日欢歌。这段日子不是蜜月却胜似蜜月，在杨光泩的心里精心安排的欧洲蜜月还没到。他迫切地等待着欧洲特派员的委任书，只有委任书下来，他才能带着新婚妻子严幼韵去欧洲度蜜月。在欧洲，那里有他计划了千万次的蜜月之旅。

任书下来后，杨光泩带着严幼韵终于踏上了去往欧洲的邮轮。在临行前，双方亲友过来送行时依依不舍，又都满怀祝福。送行的亲友中妹妹杨立林哭得最厉害，早在两人相识的时候，哥哥就一直带着她去严幼韵家。她同哥哥嫂子的感情很深，哥哥更是给了她父亲一般的关爱，一想到哥哥马上就要去欧洲了，各种不舍与难受，汇成了止也止不住的泪水。

杨光泩临行前将家里的所有事情都安排得非常妥当，妹妹弟弟都会去读书。这次欧洲之行，是与妻子严幼韵的蜜月之行，内心是甜蜜而兴奋的。妹妹突如其来的泪水让他稍感尴尬，不知如何应对。严幼韵却能了解一二，妹妹立林是太舍不得杨光泩了。几番劝慰之后，立林终于从难舍的情绪里走了出来，带着泪水笑着祝福自己的哥哥嫂子新婚甜蜜。

码头的汽笛声呜呜，即将远渡重洋的邮轮已经在催促着离人的脚步，这是严幼韵第一次离开中国，带着不舍，再次跟父母挥手告别……严幼韵跟随着杨光泩的脚步，在丈夫的小心搀扶下登上了去往欧洲的客轮。

伦敦的惊诧与失望

杨光泩为自己与妻子订下的是柯立芝总统号。1930 年 4 月 4 日，在亲友们的目送下两人登上了船。这次航程将持续 16 天才能到达他们的目的地。在这个迟到的蜜月里，严幼韵怀孕了。

一上船，她就开始晕船。16 天对她来说就是一种逃不掉的煎熬，每天只能熬着时间过。杨光泩一路小心地照顾着她，心疼她但却什么也做不了，只能鼓励着妻子，每天端茶递水尽量减轻严幼韵的不适感。这是他们蜜月必须经历的过程，强忍不适，严幼韵终于熬到了下船的那一天。再次踏上坚实的土地，严幼韵几乎要哭出来，没有经历过就无法理解陆地带给人的踏实感。而这里，已经是美国了。

杨光泩想带着妻子去每一个他在美国曾驻足过的地方，行程安排的事无巨细。杨光泩带着严幼韵先去拜访了自己的恩师，恩师住在科罗拉多州斯普林斯市。已经上了年纪，眼神也不好，近视度数很深。可见到了自己疼爱的学生来探望，还是非常开心地带着他们去山上观光，恩师整整给他们安排了三天的活动。

行程中最让严幼韵内心称奇的就是老师的胆大心细，严重近视的恩师在陡峭崎岖的山路开车如无人之境，坐在后面的严幼韵心都快跳出喉咙了，简直是走钢丝一般担惊受怕地坐了过来。下车后还要很倾慕地向老师表示感谢，每到这种时候，杨光泩的老师都笑得像朵花一样。他的确是非常满意自己的车技，一听见严幼韵夸他就忍不住微笑。拜别杨光泩的恩师之后，他们继续往东海岸走。坐着火车经过三天三夜的旅途之后到达了首都华盛顿。严幼韵对于火车并不反感，她原来在天津上学的时候也经常坐三天三夜的火车回上海。这次的火车之旅，唤起了严幼韵青春的回忆。

两人一路上分享着严幼韵记忆里的盐水鸭和德州扒鸡，一边看着异国风光，风景如逝，轻轻飘摇，相爱的人总有聊不完的话题，说不完的乐事。一件件一桩桩只恨不得全掏出来让对方知道，似乎这样一来就能拥有爱人更多的人生。这次在华盛顿，杨光泩定的酒店是肖汉姆酒店。租了一辆车，带着妻子严幼韵去参观美国白宫和林肯纪念馆。唯一让严幼韵觉得不适应的却是那时候的酷热，她没想到夏天居然这样炎热。

住了五天之后，杨光泩带着严幼韵来到了纽约。在这里气候比华盛顿好一些，严幼韵终于能从容休息了。杨光泩夫妻俩当时住的是公园大道上的国宾酒店，很多年过去之后，现在这里已经变成了西格拉姆大厦了。杨光泩给自己的妻子提供了最好的一切物质条件与生活质量。每天带着她一起吃豪华大餐，去跳舞，去看戏，观光，体验各种风光。

这段异国蜜月之旅，严幼韵除了在华盛顿的酷热无法适应，在语言上她没有任何问题。她的英语自小流利，教会学校的成长经历也让她早早拥有了很多的外国朋友。

严幼韵的英语简直是惊到了杨光泩，在他眼里，严幼韵的英语肯定不错，只是没想到会这么好，既让他惊喜又感到自豪。美国之旅，就像把杨光泩在美国的所有回忆全部温习了一遍，两个人的心越来越近。结束了蜜月最后一站之后，杨光洼带着妻子去往英国。

从纽约坐上欧罗巴号前往英国。这是严幼韵第二次坐跨国邮轮了，虽然还是晕船但好在几天之后便适应了。不比上一次晕船晕到连船舱都出不了，这一次休整几天之后，严幼韵和杨光洼出现在了邮轮上的舞会大厅里。严幼韵惊奇地发现，邮轮上的舞会大厅居然比大华饭店的更大，更豪华，更奢侈，更气派。两个人尽情跳舞，笑容如同花一般灿烂。

快乐的时光里，总少不了那个重要的人。体贴的丈夫爱护之心处处显现，邮轮上的时光成为了严幼韵的温馨记忆，愉快的邮轮之旅很快结束了，严幼韵和丈夫抵达了英国伦敦。一下邮轮，严幼韵却被这第一眼的印象震住了。

到达的时候已经是夏季，整个伦敦却依然又湿又冷。书中说的雾都伦敦，原来是这样灰暗而陈旧的房子。但杨光洼为自己妻子订的是全伦敦最豪华的酒店，也是才装修不久的梅菲尔酒店。到达酒店后，杨光洼几番叮嘱她这里的早餐有人送上来，不需要起太早。他不想让怀孕的妻子受累，知道严幼韵不愿意吃早餐，又怕她饿着。所以特意提醒她早餐会有专人送上来。

有一天晚上，严幼韵突然很想吃草莓，打了电话预订了早上的草莓。草莓很普通，中国美国都有，很常见，又不贵。但第二天送上来的草莓却是让她大开了眼界，服务员是用木匣子送上来的，非常郑重其事地交托到了她的手上。打开木匣子一看，洁白的棉絮下面是几颗硕大的草莓，如此珍重的包装，包裹着的草莓像无价宝贝一样送进了她的房间，如果木匣子上面装一个锁头，估计别人会以为里面装的是珠宝首饰。

严幼韵吃了几颗，发现只是一些温室草莓，味道不正，甜味寡淡。等到她看到木匣子下面的账单时，才发现这些草莓不仅待遇像珠宝，价格也贵得就像珠宝一样，可是已经这么贵了却还是不好吃，这盒金贵的草莓是目前为止严幼韵吃过最不值得的水果！

在酒店住了一个星期之后，杨光泩找到的公寓已经打点好了，于是两个人搬进了公寓里。此时严幼韵肚子已经越来越大了。

刚到伦敦，严幼韵没有什么朋友往来，于是每天杨光泩去上班以后，严幼韵就守在公寓里，给快出生的宝宝织衣服。本以为这样的日子可以过一辈子，她还想着再过几个月孩子生了之后，要让父亲到伦敦来看看自己，走出国门让父亲母亲能在有生之年享受一下国外的风光。人算不如天算，严幼韵接到了一个糟糕的消息，父亲严子均去世了。

晴天霹雳的消息过于突然，严幼韵甚至根本不知道父亲是什么时候生病的。在她的印象中，父亲还是那个天天管着一大家子的人，还是那个在自己婚礼上，即使不熟悉西方礼仪，也一样认真而郑重地把自己的手交给杨光泩的人，更是那个从小到大对自己无限宽容的父亲。一个人可以养活八十几口人，还能现学现用完美地完成自己的婚礼模式。母亲已经哭晕了几次，父亲怎么会突然没了呢？怎么可以突然就没了，严幼韵肚子里的孩子都没能见过外公，外公却要早早地走了吗？心痛如潮水侵袭了严幼韵的心，她哭晕在房间里。

严幼韵远在国外，又即将临盆根本不可能赶回上海。她的心里眼里都是在上海临行送别时父亲的样子，那个可爱而伟大的父亲，那个无条件爱自己的父亲从此将永远别离。失去至亲的痛苦一时难以纾解，杨光泩默默地陪着她，体贴地安慰她，尽量带她多去外面散心，分散她的注意力。每天肚子里宝宝的胎动慢慢让严幼韵平静了下来，内心悲痛仍在，却只能遥寄思念，日日盼着上海来信，了解近况。在这个时候，杨光泩迎来了自己的工作任务，他要去负责国际联盟会议中国代表团的媒体工作。国际联盟在瑞士日内瓦开会，此时的严幼韵已经快临盆，医生说孩子随时可能会出世。从伦敦到日内瓦的路程实在太过曲折，杨光泩很担心妻子的身体，但却不能拒绝这份工作任务。

严幼韵让杨光泩找来了接生员，让接生员带上了基础的医疗设备。两个人加一个接生员，大腹便便的严幼韵就这样踏上了去日内瓦的路。抛却上海滩第一大小姐名号，离家万里之遥生儿育女，不说半句辛苦。

婚姻把严幼韵骨子里的韧性激发了出来，她善于隐忍，善于控制，全力配合着杨光泩的事业安排。做事果断，性格坚定而独立的严幼韵，虽然比杨光泩年纪小很多却能在每个关键时刻撑起这个家。懂事而知足的严幼韵让杨光泩又幸福又心疼。

流离中的烦琐与浪漫

出发前，严幼韵就做好了在路上生孩子的准备。她与杨光泩约好，如果在路上真的生了就马上为她找一个医院先住下来不用管她，让医护人员来照顾她，杨光泩先去忙自己的事业就好。杨光泩心疼自己的妻子却毫无办法，妻子第一次生孩子就面临这样的情况，普通人家的妻子生孩子时都是静静地养着，只有自己的妻子还要和自己一同熬过这长途跋涉之苦。

念及此，杨光泩更加心疼妻子了。一路上杨光泩全神贯注地留意经过的医院，详细地记下医院的地址和电话，以备不时之需。随行的接生员每天测量严幼韵的血压情况，掌握严幼韵的身体情况。一路的提心吊胆，只为能尽可能地掌握先机。杨光泩带着妻子坐火车先去了丹佛，然后坐上邮轮，横渡整个英吉利海峡来到了法国加莱港。到了这里之后，再坐火车去日内瓦。

到达日内瓦之后，丈夫找来了年长的同事，当时中国银行伦敦分行的李行长和他的夫人来陪伴妻子。李夫人一直守在严幼韵身边，她多年来想要孩子，却一直未能如愿，现在年纪大了，连希望都放弃了。这次能照顾严幼韵生产对她来说是沾喜气的大好事。

严幼韵的女儿杨蕾孟出生在日内瓦雷蒙湖畔的一家私人医院

里。这是 1930 年的 9 月 25 日，女儿的名字谐音也是雷蒙，蕾孟在中文里寓意第一朵花蕊。

虽然人在瑞士，但杨光泩劝说严幼韵要按照中国的传统坐月子，先休息一个多月再说。在杨光泩的安排下，严幼韵在医院整整住了四个星期。杨光泩还担心妻子身体恢复不好，出院之后，又让严幼韵在租来的公寓整整休养了半个月。

一直陪伴在严幼韵身边的李夫人，看着蕾孟出生后不久就发现自己怀孕了，之后是连生了四个孩子！李夫人逢人就说这是严幼韵带给自己的福气，如果没有她，自己怎么可能生下孩子。

在医院的时候，严幼韵为自己请了一位瑞士籍的注册护士，泽泽尔，专职照顾蕾孟。伴随着孩子的成长，泽泽尔也成了杨家的一员。

联大会议结束之后，杨光泩带着妻子和女儿，还有泽泽尔和瑞士女佣乔吉特，一起到了巴黎居住。

对于严幼韵来说，丈夫在哪里，家就在哪里。虽然结婚后，她一直都是在各种酒店和租来的公寓里生活，根本没有过自己的固定的家，但是她却依然觉得很幸福。因为丈夫尊重她，而且给了她最好的爱。

这一次在巴黎，杨光泩租下了一间在埃菲尔铁塔对面的舒适公寓。也是在这一年杨光泩带着严幼韵去中国使馆拜会，第一次正式地在顾维钧面前介绍了严幼韵。而这一次正式的会面，却会在很多年之后成为一段新故事的佳话。

生活稳定了下来，杨光泩开始带着妻子结交朋友，当时的法国在公使馆和领事馆里都有很多的中国人。也是在这里，严幼韵认识了一生的挚友：驻罗马使节之女蒋士云。这时的蒋士云还只有 19 岁，稚气未脱，士云非常喜欢和严幼韵相处，两人很谈得来，严幼韵也喜欢这个性格随和大气的漂亮姑娘。

伴随着杨光洤外交事业的步步高升，严幼韵的居住环境也在发生变化。先是从法国搬到了伦敦，因为此时杨光洤已经成为了驻英国伦敦总领事。每一次的搬迁都很急，因为找一个合适的公寓并不是那么容易的事。甚至他们很多时候只能先搬到领事馆的楼上住着，然后再开着车围着领事馆附近找合适的房子。只是房子真的是很难找，有些没有卫生间，有些布局很奇怪，有些环境不好。

几经周折，他们最终租下了一间三层的大房子。一楼作为客厅与餐厅厨房，也供三位领事馆的人现场办公。二楼几间卧室用于主人房和客人房间。三楼才是女儿蕾孟与泽泽尔住的地方。照顾着这么一座三层楼房需要很多的仆人，但是自小严幼韵已经耳濡目染懂得管理。

这里仆人的工资很高。一个仆人每周有一个几尼，值一镑一先令。不过严幼韵对于仆人的要求很高，必须要他们打黑色领结，因为这里已经成为了一个非常正式的社交场所，考虑到外交场合的仆人着装，严幼韵提前就给仆人做了培训。

用餐时仆人会按严幼韵的要求送上专用的各类餐巾，并且会为杨光洤送上宽松的吸烟服和长裤。不仅有厨师，还有分管各区域的女仆。厨师是管家的妻子，菜单是有规划的，如周五吃鱼，周六吃烤牛肉，周日厨师休息，所以严幼韵一家吃周六提前准备的冷牛肉。因为朋友多，吃冷牛肉的机会很少。

刘家，薛家，唐家还有更多来到了伦敦的中国人都会在周末的时候到这里来聚会。大家包饺子，做面条，一起吃饭，觉得累了就去二楼的客房休息。也就是在这里，蒋士云认识了贝祖贻。

贝祖贻性格，宽和幽默，因为丧偶不久所以出来度假散心。士云经常转述贝祖贻所说的笑话和故事，一来二去，大家都把他们视作一对了。当时贝祖贻几个孩子都已经长大了，活泼年轻的蒋士云，真的是让他动心了。她笑起来的时候，仿佛糖化进了心里。没过多久，两个人便在巴黎成婚了。

如果说人的相遇是一场命中注定的缘分，那么相见恨晚与刚刚好意义都是一样。一路泥泞走来，终于遇到命中注定的那个人，这样的笃定本身就是命运的恩赐。世间的好姻缘不仅仅是郎才女貌，当你走得久了，出现的那个人看得见你的疲惫，看得见你的依赖，那么，就是她（他）了。

此时杨光泩的外交事业却遇到了难事。中国政府当时境况很不好，连杨光泩的薪水都没能拿到。实在是没办法，严幼韵只能写信给家里人要钱。杨光泩作为整个领事馆的负责人，义不容辞地抵押了自己的保险来支付租金和员工的薪水。国家此时自身难保挪不出钱来支持他们，杨光泩必须坚守下这口气，才有可能谋求今后的中国外交发展。

时光飞逝，蕾孟已经两岁了，泽泽尔说要回瑞士。严幼韵找到了接替泽泽尔的人：来自英国普利茅斯的多萝西·德鲁，生活终于平稳了几年。1932 年的秋天，杨光泩再次接到任务。为中国政府创建一个新闻机构，类似于英国的路透社。

对于当时的中国来说，这样一个机构非常有必要，为了能集中全部精力去做好这件事，杨光泩放弃了总领事的职务。严幼韵再次打包行李离开伦敦，她要带着孩子跟着丈夫去完成他的新工作任务。杨光泩日夜赶赴日内瓦，成为了联合国大使馆的中国新闻官。

杨光泩的能力在创办新闻社的过程中再次得到了证明，以后的每一年他都要赶去日内瓦担任联合国大使馆的中国新闻官。

杨光泩工作每变动一次，严幼韵就要重复一次租房子，找房子，搬家的过程。这些都是最为麻烦琐碎的事情，比如说要和房东一起核对清单，查清哪些物品是损坏的，哪些是丢失的，哪些是需要偿还的，哪些是不需要负责的。严幼韵在不知不觉中就成长为了一名优秀的贤内助，她能够悄无声息地把家里的事情全都打理得很好，杨光泩有时都惊讶自己的妻子效率怎么会这么高。

到了日内瓦之后，严幼韵再次发挥了自己的特长去找房子。从陌生到熟悉，住酒店不过几天，严幼韵就找到了一所满意的房子。严幼韵积累的经验越多，找的房子就越好，速度也越快。此次在日内瓦参加联合国大使馆会议的三位中国代表郭泰祺、顾维钧和罗忠怡一起赶来为杨光泩的新居贺喜。他们平时就聚得多，经常相约一起打麻将。

严幼韵婚后确实学过一阵麻将，但是仅是初级的水平。这几位中国代表却非常喜欢到这里来打麻将，甚至还说最喜欢到杨光泩家打麻将。想来想去，这些资深牌友怎么可能看得上严幼韵初学的牌艺？只可能是因为杨光泩家总能请到最出色的厨师，做出最好吃的饭菜，这样才吸引了这些人以打麻将为名正大光明地来吃饭。

工作上杨光泩成功地为中国在日内瓦设立了中国新闻机构。从无到有，招聘人才设置制度，确保这里顺利运行之后，1933年的夏天杨光泩带着严幼韵再次回到了巴黎安顿好之后，杨光泩带着家人去蒙特卡洛度假。此时严幼韵的弟弟智桐也过来了，他们和顾维钧，朋友李国秦一起开车自驾游。

这次阳光灿烂的度假回忆，迎风飞扬的发丝，还有不间断的笑声与聊天声都留在了相机里，蕾孟很兴奋，一直哇哇叫个不停。

海滩上，朋友带的京巴狗飞奔，婴儿车里的蕾孟盯着远处的山脉一动不动，这些都是严幼韵眼里最美丽的风景。杨光泩一如既往的体贴与温柔，让严幼韵即使在这样颠沛流离的生活中依然觉得幸福而知足。其中在当时的中国外交界。国家能给的支持并不多，强烈的民族自尊心却让所有从事外交工作的中国人都紧密地团结在了一起，国家给的资金不足，外交官们多数要自筹，要让更多的华人华侨帮助自己的祖国在国际事务上有更大的影响力。更多的是需要像杨光泩这样的年轻外交官自己去拼国际地位，为所有在国外的中华儿女谋地位，谋生存，为中国在国际上的地位掌握先机。

即使是在那年连薪水都发不出来的时候，杨光泩依然会主动用自己的个人名义贷款来支付员工的工资。外交官的生活就是无条件完成任务，严幼韵看到丈夫难处后也开口向娘家人要钱。自从父亲严子均去世之后，家里两房平分了遗产，严幼韵写信给母亲后，顺利得到了属于自己的那一份遗产。

他们的相识与相知，充满着浪漫而精致的物质生活背景。他们的相爱与相守，也有着他人不可及的富贵生活。但即使此刻生活困窘到需要抵押保险，却依然设身处地为他人着想，尽自己之所能，从工作上支持国家，从物质上倾其所有，回馈社会。她用这份遗产补贴家用，支持中国外交部建设。同时也继承了父亲的意志，开始做慈善。当时的她和姐姐了解到金陵女子大学急需建立一个诊所，于是便从刚刚继承到的财产里，抽出资金来筹建诊所。这是一种对父亲意志的自然继承，也是一种发自内心的爱国心与使命感。从这间诊所开始，严幼韵的慈善事业持续了一生。

没过多久，杨光泩的新工作任务就下来了，他被安排回国巡视，职务是上海官方报纸的中国新闻社社长。听闻这个消息，严幼韵非常开心。自从结婚后，她根本没有机会回娘家。这一次可以趁着丈夫回国巡视湖南，湖北，安徽，江西和四川的机会，终于可以回到祖国了。

严幼韵开开心心地收拾起了行李，这些年严幼韵几乎都已经习惯了不断地打包，不断地收拾行李的生活。她这几年不断地为家里找仆人，找厨师，还要配合丈夫安排好领事馆的客人。有时严幼韵都为自己的适应能力感到惊讶，好像自从过完蜜月，杨光泩结束了假期之后，自己一夜之间就学会了所有的一切。

慢慢地严幼韵发现了自己的长处在于能迅速地掌握一切必需的生活技能，无师自通地搞定生活里的大小琐事。而且不论发生了什么，将要面对什么，严幼韵都能用一种简单而平静的态度去面对，不急躁也不发怒。很多事情就在这样的理性与冷静里得到了完美的解决。

严幼韵的父亲管家庭时还专门请账房先生，而现在的严幼韵就是自己的账房先生。对一切的家务都能做到心中有数，还要管理仆人，按仆人的表现发薪水，培训仆人，让新仆人们一个接一个地学会烧中国菜。要考虑到中国领事馆的实际情况，在租房子的时候照顾到各类中国人的需求，预留下客房，预留下招待的地方，还要统一培训所有仆人，如何招待中国人，如何招待不同的宾客。琐碎又层出不穷的问题对于严幼韵来说已经是小事一桩，她完全能解决生活中一切事宜。

婚后的几年时光里，经过这么多地方，遇见过这么多人，严幼韵始终都是笑容满面，真诚待人的她甚至成为了中国领事馆不可缺少的不在编服务人员。

作为一个外交官妻子不领薪水，却是不可缺少的重要组成人员。外交讲的就是打交道，维护关系是极其重要的一件事，严幼韵最大的特长，便是用自己的努力，春风化雨地让他们得以在轻松愉悦的氛围里达到友好交流沟通的目的。

女性的力量从来就是纤弱而柔韧的，它似一股水流，遇低而流，填满生活所有的坑坑洼洼，它更似一阵清风，无处不在，润养着艰苦的岁月，让那样的颠沛流离都生出了家的温馨。乖巧的女儿，贤惠的妻子，充实的生活，这是杨光泩眼里的世界，也是杨光泩最深的牵挂。

对于妻子，光泩从来都是放手让她做一切想做的事，所有的一切都由她做主，从来不过问原因。光泩还会不时向她询问事情，商量着筹划活动，一言一行里都顾及着她的感受。夫妻同心，其利断金，这是一种同进退的默契，也是一种对于严幼韵能力的肯定。

婚姻里的平等来自于两个自由独立灵魂的相扶相持，更来自于两个相爱的人之间的默契配合。因为相爱所以愿意为对方奔波千里，因为相守，所以哪怕薪水停发，哪怕年年搬家，依然相濡以沫。独立的妻子才能有独立的婚姻，独立的人格才能赢得这样浓厚的情感。遇到杨光泩的严幼韵走出了国门，见识到了最广阔的世界；而拥有严幼韵的杨光泩却拥有了完整的人生，并在严幼韵的支持下走得更远，走得更好。

第三章

人生智慧·

真实的生活里交织着苦与乐

难忘的愉悦时光

　　故国多少梦，一载从头忆。终于坐上回国的邮轮，严幼韵与身边跟着的仆人多萝西一起看着海面。这个可爱的英国姑娘，愿意远渡重洋来到中国。百般恳求甚至发下了誓愿，也一再表明她非常高兴能跟着一起来中国。多萝西也许是对这个东方古国的向往，也许只是严幼韵的不舍。故土难离，严幼韵反而担心她是一时冲动，万一她不适应上海的生活怎么办，这一来便至少是几年时光无法回英国。几番劝解无效之后，严幼韵顺了她的意，和杨光洧一起带着女儿回到了久违的祖国。

　　少小离家老大回，乡音无改鬓毛衰。儿童相见不相识，笑问客从何处来。贺知章的这首诗倾尽了游子的心境。而此时回国的严幼韵不至于像诗人那样心酸，却也有了物是人非之感。上海依旧是那个上海，只是家里的老人们更老了些，孩子们却像发芽的树苗一般，几年不见个个都窜了个头。

　　一番洒泪，共述离情，几句哽咽也难诉说这几年异国生涯的酸甜。严幼韵很快买了一幢法租界国富门路的房子。这是婚后第一次有机会真正拥有自己的房子。这样的机会简直就是梦寐以求。

　　回国之后的上海正处于全盛期。这段日子里的严幼韵身心舒畅，不用担心外国房东的问题，不用担心突然如其来的调令，更不用事事费心。告别了国外年复一年不同的地方，不同路段，不同环境的分租房。回到上海之后，严幼韵终于能对这个三层小楼进行装饰了。这样便可以把光浤的母亲接过来同住，女儿蕾孟也可以在这么大的房子里完全拥有自己的卧室和独立的玩具室。一腔热情的严幼韵开始了自己家的装修，专门请了一位室内粉刷工，每间房间都会刷上不同的颜色。

严幼韵对于每一间房子都有自己的想法，她在自己的卧室里选择了淡绿色，她喜欢这样充满生机的颜色，螺旋浮雕的图案也是她喜欢的样子。考虑到整个房间的配色，她在卧室里定下了银色镶边的基调。她觉得自己与杨光浤每天能在这样充满生机的颜色里醒来，是很幸福的事。而对于女儿蕾孟，她选了小小的风车和牧羊女的图案，粉色的图案，映衬着房间，小小公主房全是母亲对她浓浓的爱意。见识广博的她，为自己家的餐厅选择了黑色和铬黄两种颜色。

正如在婚礼上选择了最时尚的格调，精装修方面严幼韵更是精心打理。餐厅使用的是黑色皮革餐椅，很多年之后，这种餐椅才有了个如雷贯耳的名字：布鲁尔椅。哪怕是在今天的人们看来，这样的搭配都是非常时尚有格调，更何况在当时。因为没有买到心仪的餐桌，严幼韵再次发挥自己的特长，设计了一个两端带着圆形侧翼的长方形餐桌。

这个餐桌是严幼韵费了很多的精力做成的，平时放着的时候是长条形，如果来的宾客多，则可以把两端的桌板从下面拉出来，之后就变成了一个大的圆形桌子。这样的设计，精巧又实用，不论是宴客还是喝下午茶都非常适宜。这样的桌子市面上买不到，也没有人想着去设计。在当时的中国最为流行八仙桌，西式的餐桌多是长条桌子。严幼韵的设计完美地考虑到家里的实际情况，摆放美观，设计独具匠心，只有对生活有着曼妙遐思的女人才会在这些方面做出让人惊叹的设计，女主人的巧思里充满着对生活无言的热爱。

时光悄然行至 1934 年，严幼韵再次怀孕了。杨光泩依旧对自己的妻子体贴备至，事事关心。从他们认识开始，杨光泩就是这样一位绅士。君子其风，浩然有致。严幼韵每天都与丈夫外出就餐，在上海国际饭店或者立德尔夜总会跳舞是每晚的必然节目，杨光泩会把一切都安排妥当，严幼韵只需要享受即可。一个女人的容颜与她的婚姻息息相关，如花似玉般绽放的女人背后一定有一位温柔守护的男人。一个在爱河里的女人必然是润泽而舒展，眉目之间洋溢的是对生活的热爱。

严幼韵很喜欢跳舞，从相识起，她最醉心的便是杨光泩的舞姿，潇洒而优美。每次与杨光泩一起跳舞都是严幼韵最开心的时刻。杨光泩很开明，几年的留学生活让他对于传统中国讲究的那些孕妇禁忌不以为然，他知道妻子的心愿与性格，只要不影响妻子的身体健康，他愿意陪妻子做任何事情。

陪伴是最长情的告白，正如一句我爱你，不如在一起。在最熟悉的上海，处处都留下了这对幸福夫妻的甜蜜回忆。婚姻给了这对夫妻三分烟火气息，而爱情则给了这对夫妻七分的浓情蜜意。流水般的生活里，多的是对岁月静好的恬然，朝夕相对的生活里，处处都有着无限温柔的相视而笑。爱情像一滴从云雾里蒸腾起的轻浅微笑，时光漫漫，甜蜜如梦。在对方的眸光里悄然凝结成心动的水滴，如丝如扣地滴落到彼此的心田里，一言一笑，皆是幸福。

　　每到星期天他们会去虹桥乡村俱乐部看回力球比赛，这里的高尔夫球场是杨光泩的最爱，他总会去挥几杆。严幼韵会在房间里打几圈麻将。每次杨光泩打完高尔夫球，都会过来看看妻子，看着她打牌，聊着天，说着话，一起等待晚餐的到来。

　　严幼韵的家人对杨光泩的评价很高，比如说严幼韵的姐姐莲韵有一件事就记忆犹新。那也是在一次舞会上，当时她去完洗手间回来的时候发现杨光泩在寄信。莲韵好奇地问了几句，原来杨光泩在舞会休息间歇里十五分钟写好了一篇文章，然后派人寄给报社。才思敏捷如此，不禁让严莲韵赞叹不已。自古才子配佳人总是幸事，这件事之后莲韵非常庆幸自己的妹妹嫁给了这样一位青年才俊。

　　还有就是杨立林了，这个当时舍不得哥哥而哭鼻子的小姑娘现在已经亭亭玉立独当一面了。哥哥嫂子回到上海，最开心的也莫过于杨立林了。严幼韵很喜欢她，经常和杨光泩带着她一起出去玩。在杨立林的记忆里，哥哥和嫂子总是带着自己到处去吃到处去玩，留下了很多美好的回忆。

　　杨光泩的车开得非常好，一次朋友们一起从上海东北的吴淞口开车到上海西南，十几辆车里杨光泩第一个到达了上海西南室外舞场。一起出去玩的时候，总是欢声笑语一路飞扬，青春如同银铃般的笑声散落在时光深处，镌刻下纯净而澄澈的时光。在上海，杨光泩还教会了自己的弟弟妹妹们开车，一再叮嘱他们先把车开稳。

　　杨光泩每天都会回家与妻子共进午餐，夫妻俩陪着蕾孟吃饭。一蔬一菜，一饭一食，守候着两个人的地久天长。蕾孟吃饭吃得不好，不爱咀嚼，多萝西一直在不断重复两个单词，嚼嚼嚼，咽，嚼嚼嚼，咽。杨光泩也在一边盯着蕾孟，看她是否把饭嚼到位了，是否咽了下去。

有时下午严幼韵会去美容院做护理。美容院里严幼韵是常客，温汤浴场也是严幼韵下午常去的地方。在那里，她完全地放松，洗蒸汽浴，享受按摩。她认为精致是一个女人应有的生活，不论是何种生活状态，都要衣香鬓影处处讲究。

高跟鞋是她的最爱，怀孕期都是穿着高跟鞋跳舞。也许一个人对生活的态度恰如她对人生的态度，总是装点着，打扮着，平凡的时光也能就地化成一朵温柔而精巧的兰花，映衬着岁月流金时美人如玉般光华璀璨。

享受完属于自己的时光，她的时间还要留出给家人。严幼韵要去儿童时装秀场给女儿看衣服。那里有最时兴最好看的童装，回家之后会让女裁缝根据看到的样式来进行改良。手指落处，为女儿选一匹最柔软的布料，裁剪勾画为女儿设计最贴身的衣型，看着女裁缝一点一点地制作出来，带回来给蕾孟穿。母爱，尽在女儿每一件看似低调却处处包含着母亲关爱之心的衣服之中。

不论外面有多少活动，严幼韵都会赶在晚上6点之前回家陪在女儿身边守着她洗澡，吃饭。怕女儿没有玩伴就常把杨光泩哥哥家的孩子璐璐带到家里来，和蕾孟一起玩，一起睡觉。两个小姑娘形影不离，小院落里到处都是两个人讲着悄悄话的小小身影，间或迸发出一阵童稚的大笑，像一群白鸽突然从草地惊起，扑啦啦飞向蓝天羽翼都沾染着黄金般的光彩。

时光倏忽而逝，1935年5月23日，严幼韵临盆了。怀孕的时候，医生就认为肚子里的是一个男孩，当时严幼韵和杨光泩就为孩子准备了一个男孩名字：杨幼泩。

生这一胎的时候比第一胎生杨蕾孟的时候更慢，严幼韵躺在产床上痛苦难当，杨光洤在外面心急如焚。满头是汗的医生不停地解释，说男孩出生要慢得多。终于耗尽最后一分力气，听见了孩子哇哇大哭，医生抱出来一看，原来又是一位小公主。

一直守在外面的蕾孟和多萝西听见孩子平安生下来极其开心，马上向杨光洤极力推荐"Shirley"这个名字。她们两个人此时正狂热地迷恋着秀兰·邓波儿，英文名：Shirley Temple。甚至还说这个名字天生就是属于妹妹的，杨光洤哭笑不得，只好接受了女儿这一番热情的好意，于是Shirley便成为了这位小公主的英文名。

英文名敲定之后，接下来便是中文名。如果按蕾孟的取名方法取地名，那离上海最近的河流是黄浦江，这个想法才冒出来，便被否决了。于是最后商量出来，就用这个英文名字的音译：雪兰。

孩子很健康，但严幼韵由于生产太累，十分虚弱，在家安心静养了一个月依然神情恹恹。杨光洤心疼妻子，便坚持不让妻子给雪兰喂奶，特地请了一个奶妈，专门过来照顾雪兰。

杨光洤的母亲一直以来都在操持家务，安排佣人做事。生完孩子之后的严幼韵每天在家坐月子，婆婆怕多萝西一个人照顾两个孩子照顾不过来，于是选了一位做事勤快的年长女仆，也就是吴妈专门过来帮忙带孩子。后来的吴妈一直跟了严幼韵三十年，一直都陪着严幼韵一家。风花雪月痴缠情爱，落到了实际中，便都会如花开后的种子落地，变成土壤里开出的花，生机勃勃，一枝一叶全是热气腾腾的俗世人生，柴米油盐。

严幼韵坐月子的时候，多萝西提议说中餐太多油炸食品，不仅不健康，而且还容易引发健康问题，不让家里的厨子做给蕾孟吃。多萝西还坚持雪兰长大后也不能吃那些油炸食品，义正词严的多萝西连杨家老太太都惊动了，没过多久，严幼韵托人找来了德平，每天为孩子做鸡肉馅饼，做炸肉卷，做炖羊肉。雪兰出生后，家里的仆人也多了，有奶妈，还有中餐厨师，几个女仆和管家以及门房。家里人多热闹多，孩子们追逐打闹，大人们家长里短，生活像一幅展开的画温馨而宁静，一笔一画都是散落的人间烟火。

杨光泩体贴妻子，每逢夏天天气酷热就带着家人一起去青岛避暑。青岛的海滨是蕾孟和雪兰幼时记忆里的明珠，风很大很大，沙滩如银，海浪如雪，一阵阵海风吹来，犹自带着深海的咸香。这样的美景里，迎着海风，掬起一捧海沙，指间散落的是最无邪的年华。严幼韵喜欢坐在沙滩上，看着海风呼啸而过，海鸥划过蓝色透明天空，心里满满的是宁静安稳。

每年夏天避暑一起去的朋友们有吴思卿，潘振坤，张嘉蕊和顾维钧等等。朋友们都在这片海滨处租海边别墅，相隔的距离刚刚好，为彼此留出了私人的空间，又能相互照应。一起搞活动，一起打牌，一起出海，一起吃美食。青岛的沙滩下，见证幸福时光的流泻，也见证着严幼韵碧海蓝天一般纯净恬然的时光。

1937 年，杨光泩与孔祥熙，即蒋介石的连襟，还有当时正担任法国大使的顾维钧一起去参与英国国王乔治六世的加冕典礼。丈夫来自英国的信件里面说着加冕典礼的事情。其他的字句都是对严幼韵的思念与关心。此时的严幼韵天天忙着为光泩的妹妹立林准备婚礼，给杨光泩的回信里也是欢喜得很。立林的婚礼定在了6月，正是天气晴好。妹夫叫张锐，小两口决定把婚礼办在南京。

作为嫂子，严幼韵尽心尽力地操持着这场婚礼。立林现在还记得，当时哥哥嫂子结婚的时候，嫂子严幼韵设计的婚纱和鞋子几乎一夜之间就成了整个上海滩的流行，婚礼也成了声名远扬的世纪婚礼，正是因为这一点，立林非常相信嫂子严幼韵的建议和品味。严幼韵更是乐在其中，她本来就喜欢给人打扮，为人出主意，她再忙也总是笑容满面地为立林谋划婚礼的布置。

越是对生活有要求的人，对自己生命里的每一个阶段都会有强烈愿景与规划，精心设计，处处体贴，就像花朵重视每一次开花的姿态，正如果实珍惜着每一寸阳光的温暖。人生只有这一次，越是珍惜，越是重视。

在杨立林的心里，嫂子严幼韵简直就像是她的母亲一样为她操持婚礼。她不仅要写论文，还要出版年报，出演戏剧。每天时间排得满满的她根本没有精力也没有时间去为自己设计一个完美的婚礼。这一切都让严幼韵完美解决了，她为立林设计了皇冠，设计了婚纱。

杨立林记得那件严幼韵为自己设计的婚纱和皇冠，华美异常，像一袭星坠地，比严幼韵自己结婚时的更奢华。不仅如此，严幼韵还给立林购买了很多新衣服，一年四季，春夏秋冬什么都有。对于立林来说，有了严幼韵这个嫂子，自己的婚礼完全不需要操心，只要坐享其成就好了。婚礼所有的花销，都是由严幼韵出，对于这个妹妹，严幼韵十分疼爱。

女儿们活泼可爱，亲人围绕身边，与丈夫相亲相爱，这样的日子里满满的都是幸福。这一段上海滩全盛时期的生活记忆，成为了她心中永远盛开的纯白花朵。

可惜好景不长，急景流年一瞬，一切已是回不去的昨天。

上海滩的硝烟弥漫

在当时的大环境下中国已经岌岌可危。在几年前，日本就开始不断试探中国的底线，中国与日本之间的摩擦不断升级。对于外交官来说感受可能更为深切，越是在国外，越能感觉到国际上对中国的态度。国家强，则一切都强。国家弱，则一切都会成为被欺压的理由。

正如杨光泩所担心的，日本侵略中国已经是早晚的事情了。但当事情真正发生之时，还是令人心生恐慌。严幼韵到老还记得那一天，1937 年 7 月 7 日，震惊中外的卢沟桥事变，这是中日军队第一次正式交火。而这里，距离北京只有不到 16 公里。这是日本帝国主义全面侵华战争的开始，也是中华民族进行全面抗战的起点。

"落后就要挨打"多少年之后，有一位伟人如是说。但是在当时，普通的百姓面对战火时，手无缚鸡之力的老弱妇孺只能逃。严幼韵也是如此，丈夫作为外交官，每一次命令都必须随叫随到。

战争已经爆发，杨光泩此时在英国伦敦忙乔治六世加冕的事情，根本没有时间回来照顾家人。严幼韵能做的就是保护好自己的孩子，保护好自己，尽量不拖杨光泩的后腿。为了安全起见，本来计划去青岛的她，最后听从朋友的建议去了香港。

朋友们都说青岛的日本兵太多了，所以严幼韵最后选择带着家人与孩子，到了香港的丽都湾。朋友潘振坤和张嘉蕊一家都住在丽都一号别墅。严幼韵一家则住在 2 号别墅。

战火越来越近，没到一个月，日本便轰炸了上海。轰炸之下，是支离破碎的家庭和斑斑血泪。越来越多的人都选择搬到了香港，保家卫国需要男人们去做，而她们只能紧紧地守护好自己的家，守护好自己的孩子们。

香港不同于上海，地方小，时常有台风。严幼韵才搬来借住没多久，就刮起了剧烈的台风。台风大到可以把整个房顶全部掀翻，在海里来不及上岸的船被直接吹到了海滩上。这样剧烈的台风，让人大开眼界也让人大惊失色。上海被轰炸，香港刮台风，这样的时节里风雨飘摇。只能静待时间过去，慢慢平息伤痕。

逐渐，香港这个小岛在台风过境后平静了下来。这里远离北方战区数百公里。距离带来了安全感，也带来了宁静。海风吹拂的小岛，沙滩如银，蓝天如海，战争再可怕，孩子依然需要一个平静的童年。慢慢地，这些带着孩子的母亲们都带着家人出来散步了，月光如水，流曳如泄。走在海滩上，看着远处一弯明月，聊天，唱歌，看着孩子们奔跑撒欢。每一日的安静都似珍宝，值得人感恩。严幼韵每天都和她的好朋友们约好一起吃晚餐，一起散步。

当然，最适应香港的莫过于多萝西。香港在当时属于英国的殖民地，多萝西在这里遇到太多的故乡人，太多的活动和邀约等着她去。每天多萝西把孩子们哄睡之后，就会有英国人在外面开着车等着接她出去。神采飞扬的多萝西让严幼韵很是欣慰，但是严幼韵有原则，要求多萝西必须在凌晨之前回来。

那个时候，战乱的消息时不时传来，来香港最频繁的还是属于严幼韵朋友潘振坤的丈夫郭华德。只要他一来就会陪着自己夫人一起去海滩散步。潘总会邀请严幼韵和家人们一起去散步，人一多，就会一起去冲浪。再多的愁绪，在海风海浪的拍打下，也会变成爽朗的笑声。人生如寄，何必再想那么多，一切都随风吧，此刻，开心至上。

严幼韵并不会冲浪，也是跟着他们一起学会的。在海里游泳也是经常做的事情，只是现在严幼韵回想起来还是有些后怕，因为有一次在海里，她被水母蜇了一下，当时腿就肿了，一连几天都不能动。幸好毒性不重，及时就医后来才慢慢痊愈。

日子就在这样的相依相守中度过，严幼韵守着女儿和家人，并随时关注着杨光泩的消息，关注着战争的情况。她感觉自己就像一枝浮萍，落在香港这个小岛上，不知道何时能回去，也不知道什么时候才能安定下来。

严幼韵在物质条件上不需要操心，但是一个人带着孩子住在从未去过的香港岛，丈夫远在英国，这样的担心与守望日日叠加依然让人难以承受。在上海那些日子里的温暖记忆，似乎像是前世的一个梦，还未反应过来，一切就已经变成这样了。时光依然在转动，秋天到了，大部分朋友们都选择回到上海，回到那个暂时回归平静的家乡。但是严幼韵依然担心日本人，哪怕再孤独，她还是选择带着孩子们住在香港。考虑到生活环境，严幼韵这年秋天从丽都别墅搬到了市中心跑马地赛马场的一所公寓里。

此时的严幼韵依然是一个人，带着两个孩子和多萝西一起住在香港。杨光泩一直在英国伦敦，虽然杨光泩一直很想回来照顾妻子和孩子，但是乔治六世加冕典礼之后，他被派了一项又一项任务，根本不可能抽身出来照顾家庭，所以一切事情只能由严幼韵自己处理。严幼韵知道，赴英国的中国使团就很小，光浧又是其中的精英，自然会有大量的外交任务需要他亲自处理。她能做的就是守好自己的家，等着丈夫回来。

这一等就是一年多，终于杨光浧手头所有的事情都已经理清，他迫不及待地告诉妻子赶紧过来法国会合。在 1938 年 2 月，严幼韵带着孩子前往巴黎。严幼韵的心情是如此激动，却又如此平静。她每天都在翘首等待与丈夫相聚的这一天，她不是怕，她反而是担心丈夫在外面吃不好，睡不好。

一个独立的女性在任何时候都能独当一面。但作为母亲，作为妻子时，内心最柔软的角落总会被触动。这一次她也是自己处理好一切，带着孩子们一起登上了去巴黎的邮轮：孔特维德号。跟着她一起出发的人还有德平和多萝西。因为蒋士云还在香港，所以贴心的严幼韵把经验丰富的吴妈留下来陪她照顾她的生活。

出发的那一天，严幼韵看着自己带的衣物，全部都是夏天的衣服。因为她把自己所有的东西都留在了上海，不会太久的，不会太久，自己就会再次回到祖国。严幼韵这样想着，只是命运的齿轮已然悄悄转动，战争这具机器搅动得这个世界天翻地覆，这一次的离开之后，再一次踏上祖国的土地之时已经是鬓发微霜了。

混乱与希望交织

坐在去巴黎的邮轮上，看着祖国的地平线逐渐消失在视野中，严幼韵的内心是平静而安然的。对于她来说，这一次的离开只是暂时，她只是去巴黎与自己的丈夫会合。只是命运无常，她无法预料到的是，这一走，她便不知道下一次回到祖国是什么时候了，但这些已经是后话了。

杨光泩在信里已经说了在欧洲的情况，这一次的新职务是驻欧洲新闻局负责人，在这个职位上，杨光泩要担当的责任显然更多。作为中国在欧洲的形象，也作为欧洲了解中国的窗口，杨光泩必然会在巴黎工作。这次严幼韵过去，带着孩子就得先要去找公寓租住。在严幼韵心里，上海那栋小洋房好像一转身就能看见。但现实摆在眼前，她身不由己地又再次踏上了租房找房的路，人生似乎就像一个轮回，转了一大圈，又回到了原处。

这一次严幼韵找到了一间巴萨诺路上的公寓，在这个公寓里还有位中国邻居——作家林语堂夫妇和三个女儿就住在楼上。因为房子太小，而且公寓里的家具也没有配齐，在这里严幼韵只住了不到一年时间。

一年后，严幼韵找到了一家位于香榭丽舍附近的公寓搬了进去。严幼韵非常满意这间公寓，这里不仅配齐了家具，而且整个装饰风格都是精致古典的格调。每个房间都很宽敞，这就意味着，还可以把这当成外交办事处。

杨光洰也非常满意新公寓的配置，在这里办公也成了新闻局的一个趋势。就像曾经做过的一样，严幼韵把这里变成了外交的一个场所，每个人来到这里不仅能享受到很好的招待，而且在愉悦而放松的家庭氛围下也能让很多外交事件得到缓冲和处理。这一次，严幼韵招来的仆人已经呈国际化趋势了。比如说，杨光洰的秘书维勒小姐，来自于美国。而一直跟在严幼韵身边的德平，则来自于中国。照顾着两个女儿的多萝西则是英国人，新招来的女仆人玛丽则来自于法国。

这样一个国际联盟一般的组合，让中国驻欧洲新闻局更像是一个国际机构。安顿下来之后，严幼韵待在巴黎这个购物天堂里开始享受生活。在巴黎，严幼韵最爱去的是和平街和圣奥诺雷路。在这两条街道上她最喜欢逛香水店和手包店。每一天，看看新出的香水，看看新款的手包。如果天气好，严幼韵就会早早地带着孩子和多萝西出门。她去逛街，多萝西则带着孩子们去做她们爱做的事。

然后到下午，几个人相约一起到街边的咖啡馆碰头。女儿们最喜欢这种时候，玩得开心然后可以陪着母亲一起喝咖啡。当然，严幼韵不禁止孩子们喝咖啡，但也不鼓励她们过早地喝太多咖啡。严幼韵会给孩子们点上甜品，给自己和多萝西点上咖啡或者茶，一起度过一个温馨的下午时光。有空的时候，杨光洰也会陪着严幼韵出来。这样的机会并不太多，因为杨光洰总是很忙。女人们逛街就是慢慢看，处处挑，但是光洰正如典型的直男性格。对于这些东西完全没有兴趣，每当严幼韵问这个东西怎么样，得到的回答永远都是，很好，很不错，我们走吧。即使有机会让光泩陪自己逛街，严幼韵也总是看着杨光泩无可奈何。

　　长此以往，哪怕杨光泩有空，严幼韵也宁愿让他陪着孩子们去咖啡馆等自己。当然了，在女儿们眼里父亲却是非常有耐心的，不论是买礼物还是教女儿们骑车，他都是不厌其烦地一次又一次反复检查，只愿给孩子们最好的。其实杨光泩的工作很忙，但即使是这样，当蕾孟说要学自行车时。杨光泩依然拨出了几个周末的时间专门用来教她骑自行车。可惜的是，蕾孟还是没有学会，最后放弃，自己不愿学了。

　　哪怕遇到再大的波折与痛苦，只要生活还在，她一样能把日子过得风生水起。第一天还在找公寓，第二天就能收拾妥当出门做美容。这是一种独属于女人的韧性，也是另一种坚强与乐观。女人与男人天生互补，女性的柔韧与坚守正如水般温润，点滴之间，生活如花绽放。

　　生活不仅是照顾好家人，更要照顾好自己。如果连自己都不能用最好的状态生活，谈何生活？严幼韵是这样想的，也是这样做的。每个礼拜，她都会去伊丽莎白·雅顿店里做一次头发。讲究精致而精神，很注意细节方面的修饰。每两周要去做一次石蜡浴，希望可以帮助自己减肥。她结婚之后，的确是不太爱运动了。少女时期，每天无忧无虑，畅快去玩。等到嫁人结婚，家里需要操心的事情多了起来，一天二十四小时都要围着外交事业。

　　事情多了起来，严幼韵更喜欢用享受生活的方式去做运动。女人对自己的身材要求历来就高，所以即使此时严幼韵只是微丰身材，依然寄希望于石蜡浴来给自己减肥。而且每次去做石蜡浴，都会看见温莎公爵在等他的夫人。那个时候，每天的晚餐都会选择出去吃饭。来到巴黎的友人很多，每天吃饭都有朋友相伴。杨光泩与同事之间也都习惯于相约一起吃晚餐，认识人，结识人，与人为善已经成为了与呼吸一样自然的事情。

出身大户人家的教养，以及自小就见惯的世面，再加上结婚后每天的积累，已然让她成为了一个不可缺少的中国外交官夫人的榜样。

也是在这一年，蕾孟入学了。家里把她送到了纳伊区一所美国学校。这时她已经有八岁了，开始正式学习阅读了。严幼韵选中这里的原因是活泼而开明的教学氛围。也是在这里，蕾孟学会了很多的英文歌和法文歌，脱口而出的那种。她现在还清楚地记得那里的男同学都喜欢穿着灯笼裤。每到休息时总有一条巧克力羊角面包作为点心，每天的食谱都不同，比如说，周一就是午餐泡菜。这所学校虽然是美国学校，但依然是在巴黎这个多雨的城市。在蕾孟的记忆里，巴黎好像有下不完的雨。一到下雨，就没办法出门活动。但是每到周末，总有人带着她和雪兰一起出去游玩。不论是凯旋门，还是夏乐宫。不论是埃菲尔铁塔还是布洛涅森林，一起去森林里骑车，去室内滑冰场滑冰，下午和母亲一起去喝咖啡。

多萝西更是喜欢带着孩子们去玩，去看《白雪公主》，去学跳舞。买唱片，跟着多萝西一起在房间里跳舞，雪兰也跟在后面跳，那时的她还小小的，刚刚学走路。有时父亲的朋友也会带着她们去玩，比如说时任中国驻法国大使的顾维钧。他如果过来接她们出去玩，就会派一辆配有特别牌照的豪华轿车，所到之处，警察纷纷敬礼，蕾孟一直都记得当时看见警察敬礼时的激动心情。

　　人总说，命运是可以改变的，只要付出足够的努力。但更多的时候，命运是早已经注定的，你的出身，你的学识，你的教养，你的见识，都会决定你的命运和发展方向。而这些一早就会决定你认识哪些人及人们对你的态度。

　　出身大富之家是严幼韵的宿命，但也只有她一个人真正地走出了名家闺秀的风采。她的姐妹或者朋友，哪怕出身相似，却没有她这样的平台和机会。正如自由而洒脱的她能吸引杨光泩的追求，正如自强而独立的她能成为杨光泩不可缺少的贤内助。这一切，有客观原因，更多的则是主观原因。而人生，出身无法选择，人生无法逆转，只有独立与自强是每个人都需要的精神脊背。有了它们，美丽的人生才能锦上添花；有了它们，卑微的出身也能活得坦荡自由，不负岁月。

一切糟糕的事情都可能发生

1938 年的 9 月，严幼韵发现自己又怀孕了。

别的妇人怀孕之后有父母家人的照料，远在异国的她更多的时候只能靠自己。此时的杨光泩，已经在日内瓦负责联合国大使馆会议的媒体工作。这是他正职工作以外必须要做的事情，因为别人无法做到像他这样出色，所以这件事情理所应当地落在了他的身上。杨光泩不愿意怀孕的妻子过于操劳，于是把她留在了巴黎，自己一个人去日内瓦工作。分离是为了保护妻子的身体健康，但分离却会有止不住的思念。

在巴黎的外交新闻局总部其实就是杨光泩与严幼韵的家。即使杨光泩去了日内瓦处理联合国大使馆的事情，哪怕严幼韵已经怀孕了但只要她在，一切都能被照顾得很好，杨光泩太了解严幼韵，知道她是一位独立却又贤惠的人。

等肚子里的孩子月份大了一些，妻子身体好了一些，杨光泩寄的信里就开始鼓励严幼韵出去休假。不得不说，杨光泩真的是一位温柔的丈夫。虽然他无法陪伴妻子，但他总会给妻子及时的慰藉。

这一次的休假，严幼韵带着雪兰和蕾孟和朋友们一起出发了。同行的人里，有顾维钧，还有建造北京协和医院的加拿大建筑师哈里·何士。使馆的豪华轿车载着他们一起去了特维尔，准备在这里歇息再去往法国南部的拉波勒。此时的严幼韵已经怀孕六个多月了，身体的负担越来越重，还要照顾雪兰和蕾孟。多萝西则已经休年假回去了，一路上严幼韵连个搭把手的人都没有。幸好一路随行的哈里·何士先生非常喜欢小孩，雪兰和蕾孟两个小姑娘也很喜欢和他一起玩。这样一来，大腹便便的严幼韵身上的担子总算是轻了一点。

但中间还是发生了一些小插曲。在去往特维尔的路上，法国的风光如画一般展开。两个小姑娘趴在轿车的窗户上到处看，路过一个苹果园时，何士先生执意要停车。原来他是看到了小姑娘们眼巴巴的眼神，于是跑了进去，摘了一帽子绿油油的苹果回来。雪兰和蕾孟开心得不得了，看着何士帽子里的苹果简直眼睛都在放光。在她俩眼里，何士简直就像是一个会变魔术的人。何士一上车，就把帽子里的苹果统统给了两个小姑娘，笑着看她们惊喜万分地分享刚刚摘下来的绿苹果。刚从树上摘下来的苹果犹自带着清露与微霜，清甜的香味让两姐妹食指大动。但是严幼韵却不这么想，她怕雪兰和蕾孟生病，不准她们两个人吃这些绿苹果。

但两个兴致勃勃的小姑娘怎么会听劝呢？雪兰和蕾孟赶紧向何士先生道谢，然后信誓旦旦地告诉自己的母亲，一定不会生病的，这些苹果看起来这么可爱，而且闻起来真的太香了，一定不会生病的！

严幼韵没能拗得过两个小姑娘，眼看着她们大口大口地吃光了苹果。而一边的何士先生更是笑得见牙不见眼。在他看来，这个担心的母亲和两个贪嘴的小姑娘实在是太可爱了。谁知道才到了晚上，雪兰就说自己肚子不舒服，严幼韵赶紧找来医生。本来这个病并不严重，最多只是吃坏了肚子。但是雪兰大哭大叫，不肯平静，医生开的药也不愿意吃，把自己折腾得没一点力气，哭到全身发紫也不愿意听大人的劝导。

严幼韵从小就是被父母宠着长大的，所以她对孩子的教育问题一直都很宽容。两个小姑娘每天过得无忧无虑，根本没有受过半句苛责。但这一次，雪兰的行为却触犯到了严幼韵的底线。不听劝，吃坏了肚子本身就是自己的错。医生过来看病，却执意不听，一定要把自己的身体搞坏还不肯罢休，更是错上加错。一个认识不到自己的错，还要折腾自己身体的人，还有什么好原谅的。

百般劝解之后，雪兰依然不愿意吃药，还在尖叫，还在发脾气。严幼韵最后忍无可忍，拿起毛刷就严厉地打了一下。

这一下打，把雪兰的理智打回来了。原来母亲并不是一味的溺爱，还有严格的教育。大腹便便的严幼韵，把雪兰的性子拗了回来，终于能听到雪兰啜泣着说愿意吃药，不再尖叫打滚。便把医生喊过来，再次为她开了药。让蕾孟过来拿水给妹妹吃药，把一切都安顿好，才能自己过去休息。

很多年之后蕾孟和雪兰回忆起这件事情还忍不住想笑，当时母亲是有多无奈，才能拿起毛刷教训雪兰呢？也是经历了这一次事情之后，两个小姑娘明白了，再怎么样，也不能虐待自己的身体。并且要意识到自己的责任和错误，不听劝的结果都要自己承担，不能由此去发脾气。

在子女的教育问题上，母亲要担当的责任总是比父亲更多。严幼韵的教育很多时候都是无为而教，在言谈举止间去影响孩子向着正面的方向发展。她也不能预料未来孩子会走什么样的路，她能做的就是让孩子在任何的情况下，都保持乐观而自强的心态。

先保护好自己，才能应付这无常的人生。"一切糟糕的事情都可能发生"，"事情本来可能更糟的"，这些都是严幼韵的口头禅。因为对现实无条件的接受，才能跳过怨恨和推诿责任，把精力放在解决问题和保护自己上，也只有这样，才有一个乐观而向上的人生。给予孩子再多的物质条件与丰厚馈赠，不及给羽翼下的孩子一颗强大而勇敢的心。蕾孟和雪兰也真的学到了母亲这一点，自立自强，不为生活找借口，一切的努力都是保护自己，乐观生活。

经过这一次的尖叫吵闹，何士先生反而更喜欢这两个小姑娘了。热气腾腾的人生里，这样活泼的小姑娘多可爱啊，何况他本来就非常喜欢小孩子。在后来的假期里，每天何士都会早早起来，叫醒两个小姑娘，带她们去吃早餐，带她们去玩。这样一来让严幼韵可以多点时间休息，多睡一会儿，不用担心两个小姑娘。怀孕之后，严幼韵每天都觉得很累，一般会睡晚一点，到了中午再加入朋友们的聚餐一起聊天。通常这个时候，雪兰和蕾孟已经玩了很久了，小脸红扑扑地等着母亲出来一起和她们吃中餐。

假期虽然快乐，但隐隐约约地也能感觉到每个人脸上带着一些紧张和担心。国内战争仍在继续，日本侵华之势依旧在蔓延。在欧洲，法西斯侵略战争的阴影也越来越浓重。即使是休假途中，每天看到的新闻短片里，希特勒狂乱的叫嚣和谩骂随处可见，踢着正步的德国士兵也越来越频繁地出现在各种新闻中。这样的局势明显能让人感觉到不安和不妥，即使严幼韵想在孩子们面前装作若无其事，但是越发严峻的国际形势显然不能再视而不见了。

严幼韵只想给孩子和家人一个平静而宁和的环境，家是所有人共同的期盼，也是生活里最沉静的一湾清泉。再累，再憔悴，回到家，看见那个人，一切伤痕疲累便会悄然而逝，化作充盈的慰藉。

所以孩子面前的她，依旧稳重平和，笑容满面。每次写信给杨光泩，也总是平静而幸福的语调，半点不提生活中的琐事与烦恼。

只是此时整个世界已经疯狂，第二次世界大战初露端倪。在希特勒的操控下，德国宣布在必要的时候将会直接吞并捷克斯洛伐克。这样赤裸裸的威胁完全是视国际和平为无物，紧接着法国军队也发表了针锋相对的言论。国际局势一瞬间达到危机的顶点。人人都感到山雨欲来风满楼，在这样的氛围里，战争气息越来越浓。

严幼韵却很安心，虽然她待在战争呼声很高的法国。但自己的丈夫待在相对安全的中立国家瑞士日内瓦，她不用担心丈夫的安危。这一头的杨光泩却心急如焚，他担心妻子和孩子们的安全，一直催促着他们赶紧到日内瓦与他会合。此时严幼韵怀孕已经快9个月了，接近临盆。时间拖得越久，杨光泩越担心妻子的身体健康，急切地安排了朋友去办车票的事情。一切糟糕的事情都可能发生，在战争的背景下，一时的延误就可能是生离死别。就比如他们才意识到如果当初没有离开上海，遭遇到上海大轰炸的就会是他们一样。

杨光泩每天关注着各种外交讯息，越是关注越是忧心，越发急促地催着严幼韵带孩子们一起来瑞士和他会合。行动不便的严幼韵带着两个孩子，还有年休回来的多萝西和仆人，赶到了巴黎车站去搭车。可惜的是，此时战争已经是箭在弦上，人人都慌乱而不知未来。在巴黎车站整整等了一天，都没有等到火车。原来巴黎里昂车站这里已经人满为患，太多的人想要逃离法国去往安全的中立国家。人心惶惶之际，根本没有足够的火车供人乘坐。

到最后，严幼韵的行李全部都托运走了，但人却没能登上去瑞士的火车。没人知道战争会在什么时候开始，德国与法国的矛盾已经无法缓解，人人都不知道法国是会选择妥协还是战争。大着肚子的严幼韵守着孩子们，一直等着火车来的消息。无知的孩子们依然在笑闹，大人们却沉默而焦灼。此时火车就像是诺亚方舟，如果能登上，就代表着安全和希望。火车站里电视和广播一直在播放着列车信息，却迟迟没有登车的通知。

一切糟糕的事都有可能发生。严幼韵内心并不害怕，她坚定不管付出什么样的代价都会护着两个孩子的安全。终于，当天的傍晚，内维尔·张伯伦从德国慕尼黑回来之后，宣布"我们的时代将拥有和平"。当广播宣布这一消息时，火车站内外一片欢呼。

再没有比这更好的消息了！这代表着法国与德国将不会开战！在这个时刻，从来没有人这样的珍爱过和平，没有战争，就不再有恐慌。听到这个消息之后，严幼韵终于放下心来，危机结束了，一切都平静了。

终于不用赶着去日内瓦了，每个人都似劫后余生一般欣喜而雀跃。严幼韵整整在火车站等了一天，肚子大得随时可能会生产。身体的不适和难受，再加上心理压力，虽然不露声色，终究也是难挨。一听这个消息，身体松懈了下来，带着孩子马上回到家里。到家了才发现首饰箱居然落在了家里没有带到火车站去。这说明那些一起寄出去的行李里面，根本没有值钱的东西，全是一些衣物。这也算是一个让人意想不到的惊喜！

经过这一次的危机之后，严幼韵看待人生更多了一份淡然。在她看来，一切糟糕与不幸，都是命运的安排。只能接受，只能想办法去解决。不要怨怼，更不要沮丧，因为这于事无补。收拾心情，乐观面对，积极处理，终会有一个不太差的结果。

不久之后，杨光泩被提拔为公使，指名要他去捷克斯洛伐克任职。而此时财政部长孔祥熙却发出了邀请，他希望杨光泩能去菲律宾。抗日战争消耗甚巨，菲律宾有大量的富裕华侨，孔博士希望杨光泩可以用大使的身份去菲律宾募集捐款。

欧洲的生活自然更为惬意，生活条件，医疗水平，教育水平都要更好。但杨光泩是一个具有强烈民族使命感的人，他直接选择了去菲律宾。严幼韵知道，哪怕不要孔博士邀请，一直关注欧洲事宜的杨光泩如果知道国内抗战的情况，知道菲律宾的意义，早就自动请缨要求去菲任职了。

一个有民族气节的男子，一直在用自己的努力去为中国谋取更多的国际权益，哪怕是在抗战爆发之后，杨光泩也不断在国际社会疾呼，要求惩治日本。在战场上，抛头颅洒热血是战士的荣誉，而在更多的地方，还有无数爱国人士用自己的方式，用自己的力量为抗日而奔波。报效祖国的方式有千万种，杨光泩不需要思考，义不容辞。

定下来之后，杨光泩马上成为了中国驻菲律宾总领事。孔博士非常期待杨光泩能尽快上任，去募集更多的捐款，为抗日贡献力量。杨光泩心急如焚，他认为只要自己能早去一天，早一点了解到菲律宾的情况，就能早一点开始募集捐款。早一点募集，也能为奋斗在抗日一线的战士们换得更多的子弹，更好的防护，减少伤亡，取得多一点胜利。在这样的心情下，杨光泩从日内瓦回来后，用最快的速度交接好了巴黎的事务，就出发去了菲律宾。

丈夫将要去菲律宾，严幼韵进入了待产期，随时可能生产的她根本不可能适应跨洋邮轮的航程。杨光泩百般不舍，却又无奈地只能留下严幼韵一个人待在巴黎待产。严幼韵反而安慰丈夫，说一切都会没事的，自己会照顾好孩子，也会平安生产。

这便是外交官妻子的生活，一切都是随时待命，所有的生活与婚姻都要让位于工作。严幼韵无怨无悔，她为杨光泩而骄傲。独立如她，从来就不是依靠丈夫而生活的女子。她是光泩同一条阵线的战友，只为他加油鼓劲，不需要光泩为她担心。

我爱你，不会像攀缘而上的凌霄花。我爱你，会像独立的木棉，与你枝叶相握，根系相连，同气连枝共同抵抗这无常人生。

杨光泩启程去了菲律宾，严幼韵一人带着孩子在巴黎待产。异国他乡，相距万里，一个人带着孩子过日子，但很快有一位上海朋友陈慧明联系到了严幼韵。原来她有事正好要过来巴黎，知道严幼韵也在巴黎，所以她联系了严幼韵想过来借住，严幼韵欢迎之至。陈慧明的到来，成了待产期里严幼韵唯一的陪伴。

1938 年 12 月 1 日，寒冷的天气里呼出的白气在窗户上凝成美丽的冰凌，严幼韵的幼女出生在了巴黎一处美国医院。陈慧明陪伴左右，来自故乡友人的陪伴让严幼韵非常满足，她觉得这个小女儿是位有福气的人。

小女儿的英文名字取自她的出生地法国：Frances。而中文名是茜恩。这个名字其实就是塞纳河的音译。更深一层的意思则是纪念西安事变，因为茜恩两个字有西方和平的含义。这个名字是杨光泩起的，他给自己的孩子起的名字都有着深刻的内涵。

孩子生下来之后，严幼韵每天要做的事情更多了。自己打扫公寓，收拾行李，和房东打交道。照顾三个孩子并不轻松，哪怕有多萝西和仆人德平帮忙，上学的大女儿还有嗷嗷待哺的孩子都需要细心的照顾。这样的日子一直持续了好几个月。严幼韵想等到小女儿大一点了再去菲律宾，毕竟孩子太小，坐跨洋邮轮是会吃不消的。

这样一来，严幼韵每天的时间安排得异常紧张。不仅要安排好孩子的生活，还要管理好家里所有的事物。杨光浍也一直在建议严幼韵去菲律宾和他会合，严幼韵也在信里不断地向他告知着家里的各项安排。两人的书信事无巨细，虽远隔重洋，却依然像在一起絮叨着家长里短。终于在 1939 年的 1 月，严幼韵带着三个孩子，再加上多萝西和德平，收拾好家里所有的行李，随身带上必备的行李，一起登上了去那不勒斯的车。他们要在那里登上罗索伯爵号。严幼韵计算过，从巴黎到香港，在旅程上花费的时间就足足有三十天。

在这三十天里，他们要经过很多的港口，邮轮需要在那里补充淡水还有燃料，并且有客人上船和下船。也是在这三十天里，蕾孟和雪兰趴在邮轮房间窗口，看了无数个港口的模样。

现在蕾孟还记得，当邮轮开过苏伊士运河时。一路的波浪突然转变成了风平浪静，一直以来习惯了海风呼啸，海浪拍打，突然一瞬间全部都平静了下来。身边从一望无际的大海，变成了绿色堤岸围绕。腥咸的海风味道也变成了夹杂着泥土和鲜花清香的温柔抚摸，两个小姑娘非常开心，大声地叫着妈妈。

这几十天的航行里，严幼韵天天都是晕船，几乎吃不下什么东西。小姑娘们心疼母亲，所以想喊母亲来看看，来闻一闻这泥土的清香。在她们的心里，母亲是离开了土地所以才会这样。只是年少的她们不知道，她们的母亲已经离开故土太久了。这一趟旅行远离土地，却是为了故土而战。

邮轮在科伦坡和新加坡停留了一阵，最后在香港上岸。

一登上陆地，严幼韵就带着孩子们一起去了蒋士云那里住了几天，安心地调养好身体后。带着吴妈一起前往菲律宾。不论是怀孕还是带孩子，不论是搬家还是租公寓，这一路走来，严幼韵都是亲力亲为地把自己的生活料理得妥妥当当。只有热爱生活的人，才能在不断的颠沛流离中依然保持着对生活本真的热爱。这样长时间的晕船，这样辛苦的生活，却是甘之如饴。

她爱她的丈夫，爱她的孩子，所以一切都变成了自己的心愿。她的独立与坚强，也让孩子们不论是在世界的哪个角落，都有着无与伦比的安全感。她的成熟与稳重，让杨光泩不论接到何种调令，都能一心扑在工作上，不用担心家中的任何事情。

这样的性格，如水般温柔。她总是笑眯眯的，哪怕是在巴黎里昂车站一天的漫长等待里，哪怕她大腹便便，行走不便，哪怕随时都可能迎来战争，她依然是笑意盈盈地等待着命运的一切赐予；这样的性格，似冰般坚定，遇强则强。哪怕是在祖国如此积弱，备受日本侵略之时，她依然在巴黎赢得了一份坚实的尊重，这份尊重来源于她的学识，来源于她的大气，更来源于她的处事不惊。行走世间，最终依靠的终究是自己。

第四章

繁华谢幕 ·

命运的惶恐外衣

战前的短暂美好

1939 年，严幼韵带着家人们从香港到达菲律宾马尼拉时就被热带国家的繁盛喧闹惊艳了。每一棵树都那么绿，每一朵花都如此艳丽。一个月之前，还在巴黎连绵的阴雨中期待阳光，现在却置身于花明柳绿的国度，严幼韵的心情似大雨初晴的蓝天，简单而轻快。杨光泩为了迎接家人们的到来，早早地就在马尼拉的郊区圣梅萨布里斯顿山路租了一间房子。杨光泩一大早就赶到船上去接他们，开车不到一个小时，新家就呈现在她们眼前。

大家伙一路上已经被浓烈的花草香所吸引，到了新家，更是喜出望外。这是一所带着部分家具的房子，房间很多，房子很宽敞。四处都是花，连混凝土柱子上都缠绕着红色的九重葛藤蔓。整个家就像是置身在一座大花园里，高大的凤凰树投下浓重的阴影，为夏日提供着荫凉。喧闹的热带风光伴随着蝉音，伴随着炽热的阳光一瞬间晒进了他们的心里。

孩子们雀跃着尖叫奔跑，探索着新家。杨光泩安排人手把行李全部搬了下去，带着严幼韵参观新房子，沿着台阶拾步而上，出现一个与房子等长的阳台。大大的阳台上花团锦簇，房间后面有一个游廊，百叶窗和高大的挑檐为这里遮挡着剧烈的阳光。清凉而美好的景致随处可见，在这里，杨光泩已经住进了后面的一间双人卧室。宽敞的卧室也是杨光淐的书房。

另一间双人卧室则被光淐作为女儿们的房间。雪兰和蕾孟一进来就喜欢上了光淐专门为她们选的两张粉红色四柱床。两个小姑娘飞扑了上去，笑声满室。房间很大，多萝西的床和茜恩的摇篮也摆在这间房里，看起来温馨又宁静。好不容易严幼韵适应了外面热带植被生机勃勃的美丽，谁知道房子还有一处专门的花园。

杨光淐一带着她走进去，惊呼声就不绝于耳。花园的美丽超乎了严幼韵的想象，蕾孟和雪兰更是一瞬间就爱上了这个花园。高大的凤凰树吐露着娇艳的花蕊，叶色浓密，花开百态。一旁棕榈树上抽出了蝴蝶兰的嫩芽，处处都是花，各种颜色，各种形态，各样组合的花开得漫天漫地。甚至连做篱笆的芙蓉树都满是鲜花，连篱笆都成了花墙。

更大的惊呼声发自雪兰口中，小小的她还不知道树上的东西是什么，但是她却知道这是果实。长到这么大，这是小小的雪兰第一次亲眼看见树上的果实。原来孩子们看见的是树上的香蕉，一个个小小地整齐地排列在树梢上，绿色的大叶子挡不住黄青色相接的香蕉。在热带国家，一切的植物都是热腾腾的，一切的花朵都是热闹鲜艳，夺人眼球的。热带国家的鲜艳色彩，像是初恋般光亮通透，洋溢着无边无际的青春和活动，散落着大大的笑容。

但是很快，初见时的惊艳就被这无处不在的酷热打败了。

又湿又热的马尼拉，让人简直没办法透气。不过是在外面转了一会儿，几个人回到房间里，已然是一身汗。严幼韵适应了这里的气候之后，慢慢地了解了更多热带国家的生活情况。这里有经常会爬进房间的蜥蜴，还有随处可见的蛇，蜘蛛，甲壳虫。这里最多的是蚊子，大只大只的蚊子，像这里的植物一样茂盛而蓬勃。房间里还有好多大蟑螂，它们如入无人之境，在整个房间里四处都能看到。而蜘蛛更多，它们喜欢房间的气候，在这里捕猎能比外面更舒服。于是严幼韵起床时经常能看到一个新成形的蜘蛛网。不用问，一定是哪只蜘蛛一晚上的功劳。

严幼韵喜欢这里的气氛，逐渐适应之后更是很快就爱上了这里。只是来这里才几天，就发生了让严幼韵意料不到的事。那一次，杨光泩带着她一起去出席一个晚宴。回来的时候已经很晚了，严幼韵把带着的首饰都摘了下来，一起交给吴妈，让她去收起来。吴妈按往常的习惯，把这些首饰都收了起来，放在了卧室的衣橱里。严幼韵很放心这个衣橱，因为这里还有一把锁可以锁住。也是在这一夜，两位银行家朋友在酒店住宿，为招待两位银行家而请来的新女仆需要吴妈教导，便来到了家里住宿。天气非常热，严幼韵睡觉的时候，一般都会打开通向游廊的门，而吴妈平时就睡在游廊里的一张帆布床上。但那一夜，吴妈去佣人房陪新女仆了，游廊没有人睡，游廊与卧室之间的门也并未上锁。

第二天的时候，杨光泩早早地起来坐在游廊上看报纸上的广告，他想买一个保险箱，因为他觉得在这里依然有些不安全。等到严幼韵醒来的时候才发现，自己衣橱的三扇门居然都是打开的，里面的首饰盒已经消失不见了。很快，大家在花园里找到了被砸碎的首饰盒，一些不值钱的珍珠和旧首饰被扔在了花园里，所有镶钻和镶宝石的首饰全都不见了。

严幼韵内心焦灼万分，但她一直告诉自己，一定要冷静。杨光泩马上报了警，但是直到最后，这起案子依然没能侦破。因为这起入室盗窃案后来在美国人的圈子里慢慢传出了内部消息，都说这里的警察局长也会参与分赃，并且行窃的可能就是警察局长的手下。这个话传出来的原因是，这个警察局长把偷去的严幼韵一条钻石手链送给了总统夫人奎松太太。

当罪恶与权势勾结，即使证据再充分，也只能打落牙齿和血吞。杨光泩和严幼韵都知道，如果事实真的是这样，那么这件入室盗窃案根本就不可能被侦破。后来这位传说中参与行窃的警察局长迫于压力不得不被派到国外执行任务。当然严幼韵丢失的那些首饰便再也不可能找回来了。

在这批首饰里，绝大部分是严幼韵在上海的时候就开始收藏的。这是当时严幼韵把家里的宝石拿到国际著名珠宝品牌店按款式进行重装后才得来的珍藏。这一盒首饰里，还有一些是在巴黎、意大利购买的。可以说，这些首饰是严幼韵生活的记录者。每一件首饰背后都有一段故事，可惜的是，再也找不回来了。

人生的确会有很多的失去，有些人沉浸在失去中难以自拔，永远都在痛苦中徘徊。而有些人，则会及时止损，把注意力放在更好的未来上。严幼韵努力平静自己的心情，因为一切已经难以追回，那么不如自己想开一些。于是朋友们看到的严幼韵依然是得体的，似乎并没有因为家传首饰被盗而过于悲伤。对此严幼韵给朋友们的解释是，一切糟糕的事情都有可能发生，而且失去财物已经是最轻微的损失了。生命里更重要的东西，依然还在身边。比如说生命，比如说健康，比如说家族。这就是严幼韵，哪怕是遭遇再被动的局面，依然会用自己的方式走出来。除了生命没有什么好失去的，除了健康与家族，再多的失去也不会痛心。这是一种豁达，也是一种对生活本质的透视。

此时家里的佣人有很多，多萝西，男仆弗朗西斯科，吴妈，德平，司机洛佩斯，聋哑洗衣夫葆拉，还有年轻些的男仆佩德罗。

佩德罗的一项工作就是每天拿着半个椰子壳打磨地板。这样的打磨效果非常好，所有房间的地板都亮闪闪。可以让严幼韵及家人不再去想不开心的事，把所有的精力都投身在社交工作中去。

杨光泩来到马尼拉的使命就是为抗日战争募集捐款。要想募集到更多的捐款，那就要有更多的人脉，让更多的人了解中国国内的形势。从菲律宾本身的情况来看，菲律宾人对于中国人的想法持有很强的偏见，认为中国人都是有中国卡特尔支持打压族群的富商。因此菲律宾人非常排斥中国人。但是实际上，中国人在菲律宾的确是有一定的富商阶级。这些富商也都是从辛苦的劳工阶段发展起来的，是靠自己的血汗努力一步步拥有的财富。可惜菲律宾人看不到这一点，一味的排斥和嫉妒，甚至认为中国人抢了菲律宾人的饭碗。在这样的局势下，杨光泩作为总领事，首先要做的就是扭转菲律宾人对中国人的态度。

杨光泩带着严幼韵与菲律宾官员相互宴请，比如说邀请副总统塞尔吉奥·奥斯米纳夫妇和外长卡洛斯·佩纳·罗慕洛夫妇等。菲律宾人非常喜欢跳舞，杨光泩与严幼韵晚上会特意挑选马尼拉酒店作为宴请地点，那里舞场设备很好，高朋满座气氛极好。

这样的舞会正是杨光泩所擅长的事情，在追求严幼韵的时候，杨光泩的舞技就已经成为了他的加分点。如今在马尼拉，杨光泩更是如鱼得水。只有与菲律宾当地人搞好关系，才有可能为华裔争取更多的权益。华裔的地位越高，处境越好，自然有能力为抗日战争捐更多的物资钱款。

杨光泩和严幼韵还涉足了美国人的圈子，拉近了华人与美国人的距离。如花旗银行总裁亚历山大和明娜·卡尔霍恩夫妇，还有美国驻菲律宾高级专员保罗·麦克纳特等，当然还有道格拉斯·麦克阿瑟将军和他的妻子简。与这些人的交往，让杨光泩能更准确地把握国际形势，能得到来自美国金融界和政界的各种信息。

外交无小事，对于杨光泩和严幼韵来说，说出的每一句话，肢体传递的每一个表情都是具有外交意义的。对于原则性问题来说，杨光泩与严幼韵寸步不让。杨光泩所服务的是十万多的华侨，这些华侨大多数都定居在菲律宾的大城市，比如说马尼拉、达沃、宿雾岛、伊洛省等。形成这样聚居的原因在于，在菲律宾的华人华侨找工作的机会集中在大城市，以此基础上发展起来的华侨富商自然也就集中在大城市。

从民族性格角度来说，华侨的性格更为保守而传统，他们的生活圈子相对封闭，并且不会主动去融入别的圈子里。这也是造成菲律宾人对于华侨偏见的所在，因为封闭，所以他们对华侨的猜测不切实际又带着偏见。作为总领事，杨光泩的任务就是引导华裔精英融入美国社交圈，以此来打入菲律宾官员的圈子。

也只有这样，菲律宾人才能逐渐在当地官员的引导下正确认识华侨华人。在杨光泩的努力下，菲律宾人、美国人开始与薛氏兄弟、杨启泰和李清泉等华侨富商交往。努力是有成效的，但是菲律宾的华人问题已非一日之寒，难以在短时间内取得明显效果。

在杨光泩未到来之前，在菲律宾的华侨华人很少能得到政府的保护。在长期的偏见和歧视下，华人的地位难以得到保障，华人的店铺和财产也经常受到侵害却无人保护。

一次，一家华人商场的商户不断受到菲律宾人的袭击和打砸，长期的袭击却无政府保护。杨光泩得知此事后，允许华侨们联合起来进行为期三天的罢工和罢市。罢工进行不到三天，整个菲律宾的市场上已经没有了食物供应。经过这一次的罢工与罢市，菲律宾人才意识到，如果没有这些华侨华人，他们的生活将无以为继。当理智回归之时，针对华人的斗争也就自然平息了。经过这一次的事件，在菲律宾的华人们更为信服杨光泩，在总领事的带领下，他们找到了归属感，也有了主心骨。

对于一个民族来说，哪怕是走得再远，哪怕是远离家乡千山万水，在内心深处，依然有着解不开的家国情结。在光泩的引导下，华侨华人们有了正规的渠道来支援中国的抗日战争，捐款捐物的热情空前高涨。如果说，在杨光泩未来之前，菲律宾的华侨们像一盘散沙，只能在各自的家族小圈子里取暖。那么在光泩到来之后，整个菲律宾的华人华侨们便结成了一个大家庭。

在这个大家庭里，受了委屈有了地方申诉，有了困难也能找到团结的力量。杨光泩更是竭尽全力地在为菲律宾十几万华侨服务，为菲律宾的华人们争地位，为中国人争权益，为中国人的抗日战争争得更多的支持。

在这一方面，杨光泩专门发表了相关的谈话：

"在中国，很久以来，地方首脑被称为人民的'父母官'。在每座城市、每个村庄都有我们的人民，他们在那里生活，经商。我是否可以代表他们在这个和平、繁荣的岛国的数十万华侨——请问，你们是否会像对待自己的孩子一样对待他们，爱自己的人民如子女？

不管是在此地菲律宾还是在美国、欧洲、马来半岛还是其他任何一个地方，我们华人都以遵纪守法著称。他们安静地工作、生活，与所有社区的法律制度和谐共处。

他们的辛勤劳动也为当地人改善生活做出了贡献……从报纸上得知，你们不得不参加大量的会议，倾听众多演讲。今晚邀请大家参加这次'家宴'，我无意用冗长的演讲影响大家的胃口。但是……我有义务补充一件具有国际意义的事情。

大家都知道，在过去十八个月里我们的祖国一直处于抵御外族侵略的无奈境地。十多个省份遭受到毁灭和死亡的侵袭。东三省的千万人民流离失所、食不果腹，这样的冬天与地狱差不了多少，毕竟那里的寒冬在和平时期对于贫民来说都是煎熬……日本的入侵使得四倍于菲律宾人口的中国人民遭受着饥饿、恐惧、无家可归的折磨，他们的家园被烧毁、农田荒芜、至亲之人伤残甚至死亡。中国现在忍受的痛苦、做出的所有牺牲都是因为她坚定地认为，和菲律宾人民一样，中国人民应该享有自主、自由和民主的权利。"

这仅仅是杨光洰在一次宴会上的即席讲话。他的募集工作进行得非常成功，为当时的国民政府募集了大约600万美元。而在这600万美元的背后，是杨光洰无数次的出席各种庆典，出席华侨企业的开业剪彩，出席各种俱乐部的演讲和活动。整个菲律宾无一处没有留下杨光洰的脚印，杨光洰用他的活力与魅力，他的投入与爱国热情得到了华侨的真心敬爱与忠诚。功不唐捐，没有任何一种付出会平白流逝。在岁月的河流里，时光是最公正的法官，所有的付出，终将得到回报。

实质上，杨光洰所在的菲律宾当地，华人们一般都称为定居在此的华人为海外华人。这是因为他们相比于普通的中国人，相比于那些已经在菲律宾生活了几代人依然有些不同。虽然华人几乎都和当地有了通婚，也融入了当地的生活，但依然会受到歧视。

最初的中国人是从福建移民过去的，在西班牙统治期间，华人与当地人通婚达到了历史最高峰。经统计，在菲律宾，最少有40%以上的菲律宾人具有华人血统。如此大的人口基数里，华人与菲律宾人早已经是无法分割的整体，华人在菲律宾社会里所占的分量也越来越重。

代表着华人的利益，身处于菲律宾，杨光泩越优秀，取得的成就越高。那么作为杨光泩的妻子，严幼韵要承担起的责任自然也就更多，她需要做的事情也就更多。作为女性，严幼韵天生就占有一定的优势。而这也是她义不容辞的职责所在，相比于在欧洲，严幼韵需要承担起更多的妇女工作责任。在被推选为中国妇女慰劳自卫抗战将士会菲律宾分会名誉主席之后，严幼韵需要发挥自己的力量去为抗战募捐。严幼韵把自己的黄金首饰拿了出来，换成钱，以此来带动妇女们捐献与募集抗战物资。

严幼韵还手工做纸花义卖，以此来募集经费捐助抗战。爱国是一种热潮，是一种深刻于血脉深处的情感。严幼韵的脚步遍及了菲律宾的各大工厂，商店，还有街道。她每到一处，都想尽办法来进行募集与捐赠。

严幼韵的努力取得了显著的成果，仅1940～1941年两年，杨光泩与严幼韵共同募集到的钱款就是过去几年的十倍。

可以说，国民政府财务部长孔祥熙眼光独到，他把杨光泩从巴黎调到菲律宾是一次惠及整个中国的举动。除了钱之外，严幼韵还发动了妇女们的优势，为前线制作了一百万个医药包，并且为战士们的冬衣和药品项目专门募集了23000比索。这样的付出与努力得到了国民政府的大力表彰，而在杨光泩与严幼韵看来，这仅是一种由内心而发的自然举动。天下兴亡，匹夫有责，用尽全力去努力抗战这是每一位中华儿女应尽的义务与责任。

在布里克斯顿路15号住了大约一年之后，严幼韵一家搬到了马路对面的 16 号。相比于第一所房子，这所房子更为精致。因为上一位租客是日本人，所以整个房子的风格更为特别，也更为讲究。不仅在花园里有一个大喷泉，而且三层房子之上还设有一个瞭望塔，整个房子里，每一扇窗户都装着彩色的玻璃窗。客厅面积很大，但是却贴满了小片小片的瓷砖。这样的客厅看上去更像是卫生间。

一搬进来，严幼韵就在想着怎么来装修，怎么处理才能看起来舒服又自在。斟酌再三，最后决定使用蓝色藤条组合家具，再加上菲律宾本地出产的草编靠垫进行组合。如此一来，整体房间的风格变得自在又舒适，让人一进来就觉得清新怡人。相比于马尼拉这样的高温酷暑天气，严幼韵把房间这样装修出来之后，整体感觉清凉了很多。

菲律宾是热带国家，蕾孟和雪兰很快就适应了这里，但是依然受不了这里的高温。在马尼拉，夏天的最高气温经常达到 46 摄氏度。如此高温的天气让人简直难以忍受，特别是蕾孟的雪兰，遇到这种天气几乎会中暑。于是每到这样的时候，杨光泩就会带着严幼韵和孩子们，一起去碧瑶避暑，避开马尼拉最热的七月和八月。碧瑶离马尼拉有四个小时车程，一路上会看见山里的部落伊哥洛特人开垦出来的梯田。梯田拾级而上，风景如画。但是开车上去却只有一条之字形的公路，每到这种时候，雪兰都会在之字形路上晕车到呕吐。

在马尼拉，蕾孟早晨去易三仓教会女子学校读书，下午去赶到中国学校圣·史缔芬读书。小小的雪兰也长大了，她被送到精英小学读幼儿园。送孩子们的事情交给了杨光泩，每天早晨，杨光泩上班之前会和孩子们共进早餐，然后再送她们去学校。蕾孟已经逐渐懂事了，所以读书的事情不用太操心。但是雪兰却是个小磨人精，每天去幼儿园上学都要爸爸陪着她。杨光泩为了哄好她，只能是蜷坐在幼儿园的小椅子上。小小的雪兰守着小椅子上的爸爸，一边听老师的口令，一边用余光盯着爸爸。杨光泩对孩子极有耐心，每次都是趁雪兰不注意，然后偷偷溜出来。雪兰如果发现了，就会大声尖叫。

好在雪兰很快就适应了幼儿园的生活，慢慢地成为了老师们的开心果。特别是在一次全校演出中，最后的压轴节目是一次重现佛兰德斯战役的话剧。话剧的剧本是以烟花表演结束，用绚烂多姿的烟花来映衬最后出现的"希望"。为了演好这个角色，四岁的雪兰要待在一个纸球里近两个小时。为了不破坏舞台效果，这两个小时里必须一动不动，一直要到快闭幕的时候才能突然跳出来。当母亲严幼韵看到雪兰代表着希望跳出来时，非常非常地感动，油然而生一种骄傲！

两个小姑娘表现很不错，每个礼拜都会去凯斯·豪泽舞蹈学校学习跳舞。在这里，每一年学校都会组织学员们的汇报演出。每到这种时刻，杨光泩都会拉着朋友们一起去看，这样的时刻对于他来说，就是身为父亲的荣耀时刻。家庭幸福，募集工作也井然有序，杨光泩和严幼韵在马尼拉的生活快乐而稳定。内心深处更骄傲自己时刻在为祖国的抗战做最大的支持和努力。

人这一生，所求的不过那么几样。想要成就感，想要幸福感，想要健康。只有这几样拥有了，那么生活的滋味自然是甜蜜有加。不论到哪个国度，不论在哪里生活，严幼韵都有能力为自己的家庭营造出幸福的底色。这是一个独立女性的能力，也是一位妻子和母亲的本能。

战火纷飞的马尼拉

在战乱年代，生活的无常就在于，谁也不知道下一秒世界将会变成什么样子。1941 年 12 月 8 日，严幼韵记得很清楚，当时是一个星期一。在教会学校读书的蕾孟放假了，因为说那天正好遇到了一个宗教节日。严幼韵正在卧室梳头发，听着蕾孟在外面说话聊天的声音。这样的日子就像每一个平凡的日子，平静而简单。杨光泩突然冲到家里来宣布，说日本人轰炸了珍珠港，日本正式向美国宣战了。

这样一则消息，发生在太平洋，但却瞬间影响到了千千万万人的生活。严幼韵的生活自此之后，全部改变了。刚刚接到这个消息，才过去一个晚上，第二天日本的战斗机就过来轰炸马尼拉了。从没有想过战乱会如此快地降临到自己的生活里，而且日本人的空袭有时是一天两三次。战争就在眼前，唯一庆幸的是，日本的轰炸目标集中在马尼拉市中心的因特拉穆罗斯商业区。那里人多，住户密集，而且是全马尼拉最富活力的商业区。打击了那里，就是在打击整个菲律宾地区。

对于这次危机，杨光泩的处变不惊再次让严幼韵刮目相看。他让严幼韵安顿好孩子们，自己在房子的后面挖了一个覆盖泥土的防空洞。为了更好地保护这个家，杨光泩还专门拖来了沙包堆在了房子外面。

最先开始，考虑到气温问题，孩子们的房间都放在房子外层，这样会更凉爽些。但现在，杨光浧决定把孩子们的床全部挪到一楼的图书室。这所房子的所有窗户都是彩色玻璃窗，为了保护孩子们，杨光浧在图书室的玻璃上贴了胶带。这样一来，即使是外面爆炸引发的气浪震碎了窗户，也不会伤到房子里面的人。严幼韵在第一时间赶到了市中心，清理了银行账户，购买了大量的罐头食物和应急药品。

此时的马尼拉已经被恐慌笼罩，没有人知道下一刻炸弹会不会降临到自己的头上。因此，出城的道路挤满了向各个方向逃离的人，人人都不知道去哪里比较安全，于是选择自己认为的安全方向快速离开市中心。严幼韵在市中心看到的就是这样的场面，街道里已经到处都是拉着警笛的政府车辆，还有大量的美国士兵巡逻前进。战时紧急状态下，每个人都在奋力寻求生存的希望。

也是在这个时候，中国派任驻马尼拉领事莫介恩和家人也搬到了严幼韵家对面。他们选择住在布里克斯顿山路 15 号，在他们来之前，这里一直没有人住过。他本来是不需要搬过来的，他原来的房子是朝海的，可以俯瞰整个马尼拉湾的风景。但到了这样的时刻，美国军方征用了他的房子，于是他便带着全家搬到了这里来。在这样的时刻，杨光浧依然坚持工作，他召集了领事馆各位官员，开始清理大量的文件和资料。

杨光浧知道，在这样的情势下，这些资料和文档都很危险，很难保存，只能销毁。这一次的销毁是彻底性的销毁，向重庆国民政府捐赠的 1200 万比索的海外华人名单，还有各类华人华侨资料和联谊会文件都被付之一炬。

很快，马尼拉的官员们做出了反应。他们宣布马尼拉成为"开放城市"，以此来减少战争可能对马尼拉带来的毁灭。并且保证，马尼拉的军民不会抵抗到来的日军。在这样的保证之下，日军的轰炸却依然在继续。这座美丽的城市受到了深重的伤害，甚至没有人能预测这样的轰炸什么时候能停止。麦克阿瑟将军准备撤离前专程邀请了杨光泩及其家人与他一起离开。早一刻离开马尼拉，也就意味着早一刻能得到安全。但是杨光泩婉言谢绝了这一邀请，他说，留下来保护华侨社区是他的职责。

严幼韵支持杨光泩的决定，她是中国人。在所有人受难之时，怎么可能抛下十万华侨与光泩一起去美国。不出所料，轰炸一直在持续。到了不得不撤离之时，已经是 12 月底，美国高级专员弗朗西斯·赛尔建议外交人员迁到较为安全的马尼拉宾馆，在他看来，这里相对比较安全一点。当时雅斋还有她的儿子孙崇毅都和严幼韵待在一起。

可以说，这样的相依偎是一种难得的缘分，更是一种患难见真情。本来雅斋是想要带着儿子去美国与丈夫孙广禹会合的。但是她们当时所乘坐的是哈里森总统为了接上海撤离的美国公民的船，于是让所有乘客都在马尼拉下了船。因为这个缘故，她才带着孩子来找住在马尼拉的严幼韵。可惜，这艘船从上海出发后却并没有返回，在途中就被日本的轰机炸沉了。战争是残酷的，更是没有人性的。这样一来，雅斋回美国的希望更渺小，甚至是遥遥无期。只能与严幼韵一家住在一起等待去美国的机会。

很快，事情的变化就向着恐怖的方向发展了。1942 年 1 月 2 日，日军正式进入马尼拉。现在回忆起来都是一场不愿回首的噩梦。整个天空浓烟密布，空气呛人，不能视物。这是美军在撤离时不愿这些汽油落入日军的手中，炸毁了大片的汽油库留下的污浊。美军已经撤离，马尼拉也宣布不做任何抵抗。日军长驱直入，如入无人之境，日本国旗在各个官邸飘扬，包括总统府和美军司令部。官员第一时间撤退，留下的大多是没有办法去到美国的百姓。

战争总是如此，创伤最重的永远是手无寸铁的百姓。妇人们惊恐不已，孩子们哇哇大哭，乱世之下，生命如同草芥一般。兴，百姓苦；亡，百姓苦。战争如同一把巨刃，在这个往日繁华的城市撕开血淋淋的伤口惨不忍睹。

一片硝烟之上，美国和英国平民被日军统一逮捕后关押在圣托马斯大学。让严幼韵痛心的是多萝西也被关押进去了。在日军侵占马尼拉的前几个月，多萝西在祝福声中嫁给了美国人杰克·蒂贝茨。日军接下马尼拉的统治权之后美国人都被收押，房子都被没收，汽车和一切财产都被没收。

两天后，也就是1月4日，日军进入马尼拉宾馆，直接逮捕了杨光泩等七位领事官员，严幼韵紧紧地守护着自己的孩子们。日军来逮捕杨光泩时，一家人正在用早饭。日军腿上都扎着帆布绑腿，雪兰年纪太小，一直在疑惑这种受伤时才用的绑腿为什么他们都在用，难道他们都得病了吗？

来逮捕杨光泩的日军很有礼貌，态度谦虚，甚至称得上有教养。可杀人犯的教养只能让人愤怒，在几分钟时间里便逮捕了杨光泩。杨光泩跟着士兵上楼去拿了一小包衣服，静静地在日军枪口下走出了家门。母亲的冷静感染了孩子们，她们一声不吭，强忍心惊，看着父亲的身影消失在门口。

杨光泩被关押在马尼拉市中心的菲律宾总医院，然后转到了69公里外的度假地洛思巴菲奥斯。关押地变换速度非常快，很快全部转移到了马尼拉的爱特诺学院。不论在哪里严幼韵都带着孩子们去探望杨光泩。每次去探望时，严幼韵都会带上家里最好的食物还有杨光泩的干净衣物。见到妻子与孩子时的杨光泩，眼中满是千言万语。妻子只能隔着铁窗握着丈夫的手，患难夫妻，一切言语已经是多余，只求平安。

有一次，杨光泩突然要求与蕾孟单独聊一聊。蕾孟却被吓到了，从小到大没有见过父亲那么严肃的一面。父亲说了几句让她快点长大，照顾好妈妈。她只听了这几句就开始惊慌失措，她无法接受这样的父亲。

父亲是那座永不会倾倒的山，给予力量从不失望，而这样的言语让她有了不好的预感，她本能地想要逃开。冥冥之中似乎感应到了什么情绪，那一瞬间，蕾孟鬼使神差地挣脱了父亲，跑回了母亲严幼韵身边。

见状杨光泩叹了口气，与妻子交换了一个眼神。孩子毕竟还小，只是前路如何，却是不得而知了。她后来才明白父亲是在向她诀别。不懂事的她，却因为害怕与惶恐而推开了父亲，这件事成为了蕾孟一生的遗憾，却再也没有机会弥补。

此情可待成追忆，只是当时已惘然。世间哪有那么多的想当初，世间多的是追悔莫及！无法弥补遗憾像是生命中的空洞，哪怕后来拥有再多的温暖和慰藉，也代替不了心上这一处的位置，那一块，永远地空着了。

分秒中的惊惶不安

　　与妻子孩子见面之后的杨光泩，所遭遇的却是一种不可想象的噩梦。

　　最初，日军在羁押这几位领事时还是抱着人道主义的态度的。因为他们想从杨光泩这里问出华侨捐款的那些钱的下落。因此初期严幼韵还得以去探望杨光泩，待遇还算过得去。很快，不到3月中旬，日本宪兵司令太田得知所有的捐款都已经汇到了中国，而那艘载有中国法币的船也被烧毁。

　　日军得知无法获取这笔钱后，撕下温情脉脉的面具。强迫杨光泩在三个月内为当局募集2400万比索，这样一笔钱相当于广大华侨在1937～1941年捐给重庆国民政府的两倍。太田威胁说如果筹集不到这笔钱，那么菲律宾所有的华侨财产将被冻结。太田还说想把菲律宾十万多的华侨全部拘禁起来，只是后来考虑人数太多，会带来一连串的经费和后勤问题最终才作罢。

　　威胁杨光泩的同时，日军决定拿华人领袖开刀。1月7日，日军要求杨启泰交出自己的成员，杨启泰是杨光泩成立的菲律宾华侨援助抗敌会主席。为了保护华人社区，杨启泰和四十一名华侨领袖自愿挺身而出，被日军非法拘禁。

　　他们在拘禁期间，遇到过一次正在发烧牙疼的杨光泩。怒极的日本军官威胁说要在一分钟之内派两千名日本士兵把十万华侨全部射杀。而当时在菲律宾的华人华侨们的房子、车子、财产、学校、商店、仓库都被日本人全部没收了。

杨光泩此生最大的努力就是支持抗日，直接拒绝了日军的胁迫，绝不可能为日军募集资金。那主动挺身而出的四十二名华侨领袖，被押往了马尼拉监狱。备受拷打和凌辱，没有理由，没有时限，以为战争捐款的可笑名目被送上日本军事法庭，罪同前线士兵。其中的九人，一人是校长，一人是记者，都被执行了枪决。剩下的二十八人被判处二十年监禁，五人被判未曾为抗日战争出过力，得以释放。

日军占领军总司令于 1942 年 5 月 24 日发布了一次通告，他们承认对以上九人的处决，但并未承认杀害了领事官员，只说转移了关押的地方。这份通告让严幼韵认为杨光泩依然在世，只是在她寻找不到的地方吃苦。内心焦虑，生存艰难，还要管着三个女儿，严幼韵心如油煎。在菲律宾的当地日本人向日军进言，称华侨在菲律宾经济中起到了至关重要的作用，如果把华侨的财产没收，那么紧接着就是整个菲律宾经济的崩溃，日军将无法顺利进行占领区的统治。

这样的理由，成了拯救华侨的希望。

华侨未被全部射杀，日军投鼠忌器不敢对华侨经济进行扼杀。但坏消息一个接一个，在马尼拉宾馆回来之后，她和孙氏母子发现自己的房子再一次被日军没收了，上面写着敌方财产没收，不允许进入，一旦进入，将无条件处决。边上所有美国人和中国人的房子都被贴上了这样的封条，严幼韵带着三个孩子，孙氏带着自己的儿子，无处可去。这个时候，搬到了马路对面的老房子布里克斯顿山路 15 号的仆人们悄悄来找严幼韵。原来，他们和莫太太还有莫太太的两个儿子一起，全都住到了那里。

　　房子原来的房东早已经不知去向，很大的可能性是被关进了圣托马斯大学拘留营。在仆人们的帮助下，严幼韵得以带着他们一起找到了落脚处。接下来的几个星期，严幼韵得到了这些仆人们的全力帮助，他们从严幼韵被查封的房子里搬出了储存的食物和药品。想方设法把里面的家具也搬了出来，一点一点，冒着很大的危险，把床，桌子，甚至是图书室的钢琴都搬了出来。这样一来，严幼韵终于能暂时安顿下来，暂不需要顾及生存问题。

　　哪怕是在这样的情况下，严幼韵依然是得体而坚强的，她有条不紊地照顾着三个孩子，安顿孔氏母子的生活。一天早上，两位相识的领事太太和孩子突然出现在了布里克顿山路 15 号。他们的房子也被没收了，年轻的太太们不知道该带着孩子去哪里。虽然本身食物不足，但严幼韵还是无声地向她们敞开了大门，给了自己能给的最好照顾。只要自己能有一口吃的，这些同僚家属们也不会饿着。

　　女儿们看着陆续住进来的人们，有些见过，大多数不认识。乖巧的她们在母亲处已经得了吩咐，带着刚来的孩子们去玩耍。流落异乡的女人们，带着孩子们组成了一个临时的家庭，

　　安顿下来没多久，严幼韵发现自己失去了杨光泩的消息，他们似乎一夜之间全都消失了。总有人说在哪里看到过光泩，但却没有一次真的打探到杨光泩的位置。为了查到有用的信息，严幼韵还专门带着三个孩子去找了日本一位高级将领。她听别人说日本人喜欢孩子，她希望三个孩子能软化日本本间雅晴将军，能让她问出杨光泩的下落。本间将军很有礼貌，却没有给出答案，这

次耗尽心血促成的会面没能得到什么有用的信息。

时间忽然之间无限延长，岁月一瞬间失去颜色，再也看不到色彩。战乱依旧，徘徊在生死之间的母亲带着三个女儿仓皇度日。在这个战乱纷飞的年代，房子被占，没有了家，四处封锁无处可去时强忍着恐惧打起精神寻找可能的庇护所。孩子们紧紧地依偎着母亲，她们冥冥之中感受到了生活的寒意。母亲是唯一的温暖所在，飘摇乱世，挣扎求生的时刻看不到明天。

二十六个人的命运

邵秀兰来了。看到她的那一刻，严幼韵惊呆了。这个长相漂亮的年轻姑娘才二十岁，刚刚和年轻的领事馆实习生王恭玮完婚，美丽的新娘子是专门从上海到马尼拉来结婚的，杨光泩主持了他俩的婚礼。王恭玮是外交部长王正廷之子，而王正廷则是光泩与严幼韵结婚时的主婚人。

严幼韵不知道她是吃了多少苦，受了多少惊吓才从市区找到了这里。精致的脸庞上满是尘灰，一见到严幼韵，这个姑娘就哇地哭了出来。心中酸楚，战火连天的时代里，眼泪像是流不尽的河流，诉说着无尽的血泪。安慰地拍了拍秀兰的肩膀，不怕了，不怕了，来了就好了。

房子总共有三间卧室，严幼韵和三个孩子，还有孙太太和他的儿子孙崇毅一起住在小卧室里，卧室带有独立的卫生间，孙太太睡在折叠的行军床上，她十一岁的儿子则打地铺睡在母亲身边的地板上。

领事的年轻夫人们则按情况分配房间，比如说，萧太太王若璧和八岁的女儿芦生，还有抱在手里的儿子尚德，再加上姚太太锡珍和五岁女儿舜华一起住在孩子们原来所在的大卧室。另一位莫太太罗淑华和十二岁的大儿子莫伟雄，再加上八岁的小儿子莫伟俊，再加上邵秀兰则住在光泩原来的书房兼卧室。

在别墅的客厅里，张先生和张太太住在那里。张先生在领事馆的职位不高，所以并没有被逮捕。因为来投奔的人太多，百事缠身的严幼韵甚至记不清他们俩是什么时候过来的。还有一位是莫太太的小叔子六叔，他与张先生张太太两位，一起住在客厅里。

因为张先生，马尼拉的华侨们得以保持着与这边的联系。日军管控下的大米是按人头实行配给制的，能吃饱，但是不允许囤积。为防止日军随时断粮带来的威胁，华侨们经常送来大米。大家把大米藏在了房顶下的棚子里，避免让日军发觉。这里像一个温暖的巢穴，安抚着一众人惶恐的灵魂。

除了这些人，还有跟着主人过来的仆人们。吴妈，陈妈，还有在 11 月因为祖国战乱而投奔严幼韵的吴妈的侄女，德平，聋哑洗衣工葆拉，以及年轻的男仆佩德罗。莫太太的厨师老张，菲佣和菲佣人的儿子。莫太太的大儿子已经十二岁了，这一次他把自己养的两条大杂种狗也带了过来，还有养的猫和猴子。仆人们都住在花园独立车库后面的几个房间。整个房子里拥挤而热闹，大家想办法把被查封房子里的家具都搬了过来才够睡觉。要吃饭的人这么多，却都是空手而来。严幼韵每天最重要的事情就是安排好所有人的吃食，精打细算着每天的用度。

虽然他们住的老房子离马尼拉市中心并不远，只有不到六公里的路。但是这里太偏僻了，所以日军并未安排人驻扎在这里。旁边房子里住了日军几个医生和会计，都是平民。这些房子原来都是美国人的，房子的主人全部被监禁了。严幼韵在窗口会默默地观察这些日本人，住的都是妇人和孩子，万一有不测，根本无从反抗。幸好这些住进来的日本平民没有武器，甚至看起来相当孤独，他们有时会找机会来到严幼韵这边看一看。

　　为了避免事端，每次日本人过来，大人们全部都退到了房间里，不跟他们碰面。孩子们则担起了交流的责任，孩子们并不懂这些，也听不懂日语，所以他们往往能很快地把这些日本人打发走。

　　也有几次几乎是吓得严幼韵心脏停止跳动，每当偏僻的土路上传来车辆的声音都会让整座房子的人心惊胆战。日本已经封锁了汽油，全菲律宾只有军车才能开动。不需吩咐，大人们带着孩子迅速分头藏了起来。日本兵气势汹汹地进来四处查看，空无一人。幸好他们没有抓捕任务，在阳台上坐了一会儿就走了。还有一次，一位过来的日本兵，把莫太太家的小猴子顺手牵走了。

　　也许这些日本兵只是单纯好奇过来看看，但这些微笑着的恶魔却往往一个不高兴就会掏枪杀人。多年以后，日本军车的发动机声音依然是严幼韵噩梦里最惧怕的声音，每次听见心都如在刀尖上走了一圈。大人们有默契地不把恐慌情绪传给孩子，只是掩藏的时候喝令孩子不得发出声音，紧紧把孩子搂在怀里，不敢乱动。这样的教育下，孩子们即使有所感应，万幸终生未留下对战争的心理阴影。

　　比如说少不更事的蕾孟，反而认为那段时间既轻松又快乐。多萝西不再能时刻严格管教他们了，而且学校也不需要去上了，压力减轻了太多。蕾孟在这附近还有两个好朋友，一个叫琪塔·拉·奥。另一个叫露西方·利姆。这三个小姑娘玩得很好，蕾孟不喜欢家里乱哄哄的样子。

　　当生存都变成了一种奢望，曾经公主般的生活变成了逼仄和喧闹，童稚的心理解不了什么叫战争，她只知道自己不喜欢这个凌乱的家，她想念父亲陪伴在身边的日子。好在母亲总是冷静而优雅，从来没有在她面前失态过。这样的安全感，造就蕾孟童年时期的无忧无虑。哪怕世事散乱不可收拾，在她童稚的眼睛里，除了生活凌乱了些，一切依然如童话般祥和美好。

实际上母亲不是没有焦虑，而是不会在孩子面前焦虑。在蕾孟的记忆里，家里总是有一位太太在弹钢琴，磕磕碰碰断断续续地弹着，邵秀兰则在唱咏叹调。厨房里总是很热闹，因为两个厨师经常吵架，陈妈则在教训那些男孩子，因为调皮的他们总是跑到发酵的黄豆缸边上去捣乱。住在这里的男孩子和女孩子，天生就是敌人。男孩子们成立了一个"蝙蝠帮俱乐部"，这个俱乐部的主要任务就是跟这些女孩子捣乱斗气。蕾孟的衣服都是母亲严幼韵做的，甚至有一次，严幼韵居然给这三个玩得很好的小姑娘一人做了一身褐色棉布无袖连衣裙。

连仇恨都不知道为何物的孩子们依然有着纯净的童年，蕾孟她还和马路对面的日本平民成了朋友，于是她可以到美国人的图书室借书，每天吃饭后就去借书，然后到朋友家去玩去看书。战争虽在继续，但蕾孟的阅读量却得到了保障。

长期观察和几次临时性检查之后，日本人终于确定房子里的都是一群妇孺不会有什么威胁。后来，有一位叫西本的先生过来看过情况。好在住习惯了之后，大人们发现他们并没有受到太多的打扰。在严幼韵的印象里，这位西本先生挺有礼貌，每隔一段时间就会过来看一下这边的情况，似乎是在照应着这边。

可无论怎样也消解不了严幼韵心里的忐忑，杨光泩依然没有消息，家里的情况越来越紧张，食物不够了。住在这别墅里的二十六个人必须靠自己的能力活下去，自力更生成了唯一的出路。虽然有大米供应，但菜却是没有的。大人们一起把门前的草坪挖开，种了比较好打理的绿叶空心菜，还有蚕豆和白菜。后来陆续种了红薯、花生。

孩子们都在长身体，不可能靠吃青菜和大米过日子，地下室也被开发了出来，养上了一群鸡，每天的鸡蛋有了着落。房子旁边的猪圈里也养上了猪。

猪养大之后，大家齐心协力把这头猪宰了，住在这里的每户都分到了肉。肉有了，吵架的次数却多了。比如说吴妈把她的那份肉挂在晾衣绳上想要晒干一点，谁知道等她去收的时候，肉已经不见了。吴妈认为是陈妈偷的，两人为了这件事大吵了一架。仆人之间的事情经常闹得房子里大呼小叫，孩子们之间也吵闹不休。

在战乱之下，经济条件越来越差，生活剥离了金粉，露出了斑驳发霉的本质。越是这样的时刻，严幼韵越加仔细地保护着孩子们的童心，不愿让战争污染孩子们纯真的眼眸。这是一个母亲最卑微的愿望，却成全了孩子们童年纯净如花的心灵。

在小小的雪兰眼里，住在家里的小孩子有九个之多，所以根本不愁没有人玩。没有玩具，于是他们就用树叶玩过家家，扮演厨师来摘下树叶切碎，摘些芒果还有番石榴来当作过家家的晚宴。没有毽子，就用小石子四周贴上纸，用脚踢也一样快乐。物质条件越贫乏，快乐反而更纯粹。雪兰养了一只小公鸡，很有感情。雪兰还养了一群鸭子，只是很奇怪，鸭子一只一只慢慢不见了，最后只剩下一只白色母鸭和白色幼鸭。没有玩具的童年里，这些小动物变成了雪兰最喜欢的小伙伴。

除了养动物，雪兰还在花园里种了卷心菜，她喜欢卷心菜绿色的叶子，每天都会跑过去给它们浇水。因为雪兰年纪小，所以总被那个男孩子们组成的"蝙蝠帮俱乐部"当作俘虏。在雪兰的记忆里，不穿鞋子时赤脚奔跑，整个田野似乎都属于她一个人。

赤子之心，正在于不论何种境况下都能保有天真活泼。伙伴们争先恐后地奔跑跳跃，早上不跟你玩了，晚上看到你又亲亲热热地待在一起，一身大汗笑声响彻天空。在战争的阴云下，孩子们的笑声是生活里唯一的亮色。

第五章

前往美国·

悲伤埋心底，笑着活下去

把悲伤埋在心底

战争时期，整个房子有正常的电力供应却没有煤气。一到做饭的时候，只能在烧煤的大黏土锅里做饭。严幼韵作为总领事的夫人，别人自然都希望由她来主持大局。这是一份非常操心的工作，战争让每个人的耐性越来越差。看不见明天的希望，又逃不掉这朝不保夕的今天，大人们火气也上来了。住在这里的几位太太们爱拌嘴，仆人之间也总是吵架。两个厨师德平还有老张之间一直都有冲突，不止一次他们在后院挥着大菜刀就打了起来。

每次遇到这种事情，严幼韵都只能飞奔着尽力去拉开吵架的人，发生的频率实在太多了，严幼韵觉得自己简直心力交瘁却尽力不表现出来。

严幼韵不论内心多忧愁压力再大，也总是表现得相当镇静，只因为自己是这里的长者，还有自己的三个孩子，哪怕是装，她也要装得镇静。在刚失去杨光洁消息时，家里的孩子们惶恐不安。她们想念自己的父亲，隐隐约约知道家里有了变故。但是为了保护孩子，严幼韵只能装作一切都无事。到了夜晚，马尼拉的燥热和黑暗裹住了她，脱去白天重重的伪装，彻底地安静下来，直面内心的焦虑和恐慌。

每个人都有自己的压力，也在压力下保持着对生活的敬意。战争期间生命越是被践踏，挣扎求生的人们显得更为珍贵。这是对生命最本真的保护，也是人性中最温暖的所在。即使琐碎，哪怕惶恐，也尽力保持着生活表面的平静。

那位不喜欢说话的安静六叔，拥有一双巧手。每天他都用那个黏土锅做肥皂，做芒果酱，花生酱。只要有材料在他的手里可以成就万千变化。无数的美味和生活的必需品在他的手里变换而出。六叔不仅能做出这些东西，还能弄来打印好的标签。一瓶一瓶制作出来，然后贴上标签。到现在严幼韵都不知道六叔是从哪里弄来的瓶子，不知道哪里能弄来纸张，更不知道这些打印的标签还有用到的墨水是从哪里找出来的，又是怎么做到的。

对于这一切，严幼韵一无所知。但是在当地的一些杂货铺里，严幼韵却看见过六叔制作过的果酱。也是一瓶一瓶摆在了货架上，整整齐齐。没有人能想到这些果酱就是在那口不起眼的黏土锅里做出来的。六叔的肥皂解了家里的燃眉之急，这是每天都要用却没有办法买到的生活必需品。此时的马尼拉想要买到一些日常用的东西是异常艰难，即使有，那高昂的价格也让人望而却步。孩子们的衣服都是严幼韵用仆人们从原来房子里偷偷拿回的布料亲手缝制的。

每天严幼韵冥思苦想去缓解家里的经济问题，房子里住了二十六口人，严幼韵不会主动去开口要她们分担，也没有一位太太主动提出要分担生活费用。严幼韵已经在战乱之前把所有的现金都从银行取了出来，用以物易物的方法也得到了一些钱，但这样的坐吃山空也并不是办法，很快严幼韵的积蓄就不够用了。

临近山穷水尽之际，上海的家人终于联系上了严幼韵。他们把钱付给国内某个人，然后严幼韵再在菲律宾借用名目兑换这些钱，东拼西凑所幸还能勉强度日。

因为压力大，严幼韵根本睡不了什么觉，只要听到汽车驶过前门她就浑身紧张，听到士兵的靴子踢在石板路上她就畏缩。黑夜漫长，巨大的蚊虫嗡嗡飞行，燥热的天气像裹了一身湿热的布躺在床上，难以入眠。一闭上眼她就会想起日军过来逮捕杨光泩的那天，她忘不了那天的情景。

作为一个女人，她镇定自若，成为了这二十六口人的主心骨。虽然永远都会把恐惧和害怕放在后面，但是她也是普通人，一样会有恐惧，会有害怕。现实总是第一位的，没有人能阻挡现实对人的侵扰。此刻，挺住就意味着一切。严幼韵咬紧牙关过着日子，连一句叹息声也没有。

当时马尼拉的华侨华人依然在照顾着他们，经常为他们送来食物和蔬菜。再加上自己院落里种的菜，他们能勉强把日子过下去。虽然他们的汽车没有被没收，但是却没有汽油供应。日军把汽油禁用了。如果要拉一点东西回来只能用马车，当时在房子后面养了一匹专门用来拉车的马。可惜的是这匹马没过多久就被热死了。一群小孩子目瞪口呆地看着被热死的马，大人们却赶紧把这些马肉收集了起来，来不及叹息了，生存是第一位。

日子磕磕碰碰，慢慢地每个住在这里的人都开始放松一些了。邵秀兰，萧太太和她的女儿芦生在尝试弹《春之絮语》、《少女的祈祷》也是她们几个人在研究的曲子。有时孙太太会和严幼韵在房间外的阳台上和两位邻居一起玩桥牌。这两个年轻人是中国银行的职员，都是单身汉，住在他们房子的隔壁。严幼韵还要操心孩子们的衣服，在阳台上用缝纫机为孩子们做衣服。生活只能前进，不能后退。既然已经如此，那就只能拼命活下去。

除了料理花园里的蔬菜，严幼韵有时会找机会用阳台上的电炉为孩子们做一点好吃的，比如说洋葱牛肉之类的。其实哪里有什么牛肉，只不过是那匹可怜的被热死的马而已。不能出门，也没有地方可去。牢牢地守着这个家，做奶油，做花生糖卷，认真地照顾着孩子们的身体。蕾孟本来并不爱吃饭，可是满了13岁的她突然非常爱吃饭，这让严幼韵无言以对，谁让现在根本没有那么多饭菜可以给孩子吃呢？如果是放在过去，孩子喜欢吃饭，严幼韵估计会笑出声来，可是放在这个连马肉都只能做成牛肉吃的时候，严幼韵只觉得心酸。没想到堂堂上海滩的第一大小姐，居然会为自己的女儿胃口大开而担心？

严幼韵有时拿出一些珍珠港事件后储备的食物，比如说桃子罐头什么的款待一下馋嘴的孩子们。可惜这样的存货也是坐吃山空，到后面，甚至只能是尝个味道而已了。就在这样的状态下，严幼韵也没有放松孩子们的教育问题。在附近一个街区有一位杰出的菲律宾教育家——莱德斯曼。这位女士把家里的底层房屋拿了出来设了一所小学，接收因为战乱而无处上学的孩子们。严幼韵把蕾孟、雪兰和茜恩都送到了那里。蕾孟的年纪已经不小了，为了提高她的知识量，严幼韵还专门请这位女士为蕾孟每周辅导两次。住在一起的张太太，每天下午都会把房子里的孩子们召集起来教他们学中文。

在如此兵荒马乱的年景里，还要筹划着孩子的未来。用自己的力量活下去，担起几十口人的生活。严幼韵的坚强与独立成了她在人世最后的依靠，这也是生命最牢固的依靠。再苦再难，也要用自己的力量去挣得一份呼吸的天空，护着孩子，护着这枪炮弹药下脆弱的希望。一天又一天，努力去活，把所有的精力都放在好好活着上面，不念过往，不惧未来。坚持着，努力着，一个柔弱的女人带着三个女儿，却撑起了这个仓促间组建起来的26人大家庭。

战争，战争

一个家庭里男人是顶梁柱，女人则是那四面的墙。

在失去顶梁柱时，四面墙为孩子们围起了一个温暖的家。一个国家，当男人们无法顾及家庭时，这些坚强的女人则在后方守护着家园，养育儿女。在严幼韵的带领下，这一所房子里二十六口人依靠着自己的努力把日子过了下来。

家里女人多，严幼韵很怕出现安全问题。庆幸的是虽然，在日军的监控下但朋友与亲友依然照顾着她们的生活，这就像是在寒冷冬日下抱团取暖的情谊，雪中送炭般温暖着这些失去丈夫消息的女人们，让她们坚守着家庭，坚守着一份希望。

年轻的卓牟来是其中一位友人，他是中国交通银行的代表。当时他接到的任务是在马尼拉设立中国交通银行分行，来到马尼拉后没多久战争就爆发回不去了。因为他会讲马尼拉华侨通用的闽南语，所以很多信息他可以直接和华侨取得联系及时地帮助到严幼韵她们。日军封锁之后，很多事情都由他出面帮助解决。薛敏老侄子也经常过来帮助她们的人，每次一过来都会带上大量水果和新鲜的蔬菜。他知道现在的她们非常需要食物。他也会照料马匹，在那匹马死之前，每次严幼韵去寻找杨光泩的下落时都是他来驾马车带她们去市区。

生活的艰难还可以克服，但是担忧却是无法可解的。每一天，严幼韵都在担心着杨光泩的下落和安全，经济条件越来越糟糕，孩子们也一天天长大了。而此时，严幼韵也打听不到多萝西的消息了。在战争刚一爆发时，多萝西来信说她和刚出生的儿子罗尼被拘禁在了圣托马斯大学里。那个大学里全是被日军抓进去的英国人和美国人，严幼韵那时还能赶过去看望她们。那时多萝西和丈夫抱着新生的孩子挤在一个小小的坡顶屋里。一边是房屋，另一边是加的帐篷，这样的房子只能勉强遮挡风雨，条件非常恶劣。多萝西说日军把他们抓进来之后，根本就没有给他们食物。为了照料多萝西，严幼韵还经常把省下来的食物让德平给她送过去。

只是没有想到的是，有一天德平例行送完食物回来，却说根本没能见到多萝西。原来日军把整个营地全部监管起来了，不让人进去。送食物的人都只能排队在外面把食物交给警卫，德平很担心，不知道多萝西最后有没有收到食物。严幼韵一听到这个消息就心知不好，也许多萝西自此之后根本就拿不到她送过去的食物了。

没多久，连食物都不让送了，自此之后连多萝西的消息都打听不到了，不知生死。严幼韵根本没有办法照料多萝西，还有那个小小的刚刚出生的孩子，也不知道能不能活下来。心急如焚却什么也不能做，他们每天住在房子里，即使吵闹喧嚣，但至少能吃到东西。而多萝西呢，也许生病，也许死掉了都不知道。

严幼韵不敢让女儿们知道这件事，她一直向女儿们隐瞒着多萝西的消息。但情势越紧张，心里的重担越沉重。她只能拜托人不断地去打听消息，战乱时期的消息很多都是纷杂而真伪难辨的，严幼韵根本无法知道消息究竟是真是假，只能到处打听，希望能多少打听到多萝西的消息。好在后面打听到的消息口径越来越统一，都说日军给囚犯配了粮食，虽然大多都是生了虫的大米但至少严幼韵不用再担心多萝西一家会活活饿死。

严幼韵如非必要也不敢去市区，人们都说日军很喜欢掌掴平民。严幼韵原来就看见过日军军官掌掴下属，也经常看见日本士兵被掌掴得流鼻血。日军这样的习惯延续到平民身上更加是变本加厉。有一天，严幼韵听到消息，说一直帮助他们的卓牟被射杀了。他当时住在一个日军指挥部附近，只是因为没有向大门口的警卫好好鞠躬就被射杀了。

晴天霹雳一般的消息一传来，严幼韵听见了心碎的声音，场面安静得令人窒息。在场的人们一脸悲容，说不出话来，严幼韵不愿意相信这个消息，但再去打听也没有新的消息传来。过了好几天，突然葆拉看见卓牟来骑着自行车的身影出现在房子外面，葆拉那一声尖叫吓得整所房子的人都跑了出来。原来是卓牟来过来了，大家又哭又笑，似是绝处逢生，他没有死，他还好好地活着，这个天大的好消息让整个房子的人都喜悦地跳了起来。

战争时期的感情总是夹杂着一种悲情的底色，因为谁也不知道，现在见的这一面，是否就是最后一面。生死已成小事，所以每个人都分外珍惜活着相遇的时间。只是在马尼拉这个酷热又潮湿的地方，除了生死还有随处可见的病痛。在这里只要轻微的划伤和擦伤都会转变为化脓和感染。幸好严幼韵有先见之明，很早就储存了应急药品，每天下午都会在卧室的一角设立一个小诊所，总会有两三个孩子来排队等着擦双氧水和红药水消毒。每次看到这样的小伤口，严幼韵都会极尽耐心细致地处理。因为这样的伤口如果放任不管，很快就会演变得不可收拾。

即使这样的预防，房子里的小孩子还是会有一个卧床不起的。天气太差，伙食太差，找不到医生，还有根本不能预防的病毒和细菌都会造成生病。严幼韵看着孩子们经历了水痘、疱疹、登革热、耳痛等等，最让这些母亲们担心的便是这个热带国家的白喉。为了防止孩子们染上这种疾病，每天检查孩子们的喉咙确认没有可怕的白点。

　　万幸的是在母亲们百般的呵护下，孩子们并未遭遇大病。小病也好在及时发现得到了治疗，并未引起大麻烦。小孩没事，但莫伟雄却不幸感染了肺结核。大家只能把他隔离开来，严幼韵组织所有人给他在卧室外面用竹子和棕榈搭了一间小屋子。在伙食上尽量照顾好他，清洁卫生方面一天一清扫。这病没有药物和医生根本是养不好的，只能到处去拜托人，找关系，看能不能安排莫伟雄住进医院里，根治这个病。

　　但战争时期生死都如此容易，要想找到医生和药品真是比登天还难，即使如此严幼韵还是坚持每天找人找药物。她心急如焚，因为每多等一天，病人的痛苦就多一分，治愈的希望就少一分。苦苦寻找了几个月，终于把等了几个月被病痛折磨得消瘦的莫伟雄送进了医院里。

　　放下了这桩心事，烦心事依然数不胜数。吃住不足，经济糟糕，要防范着孩子们生病，还要担心着日军的举动，想念没有音讯的丈夫杨光泩……严幼韵把这一切深深地藏在了心里，因为她只能坚持，只能死挺，只能默不作声地咬牙坚持下去。生活无解之时，眼泪无济于事。

　　但是现实迎面而来给了严幼韵一个耳光，这个耳光差点把她打趴下。

　　那一天西本先生给所有的领事夫人们一份东西，打开一看，是各自丈夫的个人物品。西本先生交代说，他们去了很远的地方。等待了这么久，严幼韵第一次接到杨光泩的东西，她拿到了杨光泩的眼镜，手表，还有一缕头发。整个客厅静悄悄的，慢慢的，哭泣声像水一样涌了上来，淹没了整个客厅。

　　严幼韵没有流泪，她不相信，她知道的，这只是日本人的谎话。她懂法，她知道杨光泩与那些同事们都属于受《日内瓦公约》

保护的外交官。她哪怕是再心焦，哪怕有千万种暗示说杨光泩已经被杀，她也不信！严幼韵不流泪，她珍而重之地收起了丈夫的东西。礼貌地致谢，头也不回地回到了自己的房间，她不愿意听这一屋子的哭声！

西本只说去了很远的地方，很远的地方究竟有多远？这样一句话给严幼韵带来了无数希望，却又有着无数心悸的挂念和猜想。除非见到尸体，不然她不会相信杨光泩会遇难，她不会相信！擦干眼泪，她再一次平静地出现在了大家面前。

之后，日本军方的行动更凌厉。1944年初，日本突然下令要求她们全部搬出来。没有理由，没有条件，马上搬走。几十口人，没有地方可去，四处禁严。严幼韵几乎无法可想，难道只能流落街头吗？终于还是卓牟来及时赶过来救了她们，他说交通银行在马尼拉的另外一个郊区圣胡安有一所为员工所建造的房子。因为战乱分行暂时也开不起来，那么就先过来住着吧。

在这样雪中送炭的时刻，卓牟来居然还奇迹般地找来了卡车和汽油帮她们搬家。现在想想，这些应该就是当时的华侨华人们帮忙凑起来的。车一来，大人们赶紧收拾东西装车。种在菜园里的菜，还有养的鸡，一点一滴都要收拾干净。多一点食物就多一分存活的希望。患难时刻只有同胞相助，这样的情谊，已经超脱了生死大义，而是一种同胞之间发自内心的怜恤。岂曰无衣，与子同袍，王于兴师，修我甲兵。与子偕行。只要还有一个中国人在，就不会让你们无人照看！

在卓牟来的安排下，孙太太和严幼韵一家住在一起，剩下的人住到了花园另一所房子里。马尼拉已经成为了一个信息孤岛，日军封锁了所有的消息。幸运的是还有人偷偷地藏起了短波收音机，消息传出来，说战场上美国人已经占了上风。这样的消息得来不易，如果藏有收音机的人被发现，会被直接处死，每个听到消息的人苍白憔悴的脸上都会焕发难得的笑意，在黑暗中待得太久的人们，光明都快变成了一个幻梦。就像深埋在土中太久的种子，雪浸过，干旱过，热浪烘过，期待一场春雨前的雷声已经太久太久。

伴随着这消息而来的却是越来越严峻的现实。电力被停止供应，一到晚上一片漆黑。雪兰记得有一天晚上她睡醒起来非常的渴，拿起了桌上的一杯茶一口喝完，突然感觉嘴里仿佛有些什么东西在细细密密地爬动。这才反应过来，自己应该是喝掉了大半杯蚂蚁！

卧室里挤着睡了很多人，妈妈和那些阿姨们也在，雪兰吓了一大跳之后惊慌地喊着妈妈，严幼韵起来点燃蜡烛检查了一下，扶着雪兰起来要她吐出来，但雪兰实在吐不出来，最后也只能作罢。严幼韵找了一杯白水过来让雪兰漱口，之后轻轻拍拍她的头，安慰她早点睡着。找不到医生，早没有了药物，只能乐观地希望雪兰不会腹痛。电早停了，水也停了。喝的水和洗澡用的水都得去花园的井里打，水放炭火上烧开之后再灌到壶里喝，从小雪兰洗惯的浴缸也变成了不到十厘米深的洗衣盆，每次洗澡时连水也放得很少。烧水太麻烦，炭也只有那么多。每次一盆水严幼韵和三个女儿要轮流用。

自小在浴室里洗澡的严幼韵，依然笑容满面地带着三个女儿享受这洗衣盆洗澡，在这朝不保夕的日子里，能平安地活着已经是很不容易了。知足常乐，没有谁注定天生过奢华的生活，生活如水人如船，水深则直行，水浅则自力更生。这样的生活里，严幼韵的坚守像一丝执着而坚韧的植物根系，哪怕生活的土壤再贫瘠，哪怕战争的逆风如刀割，依然用力抓着土活了下来。她不仅要活下来，而且要找到丈夫杨光泩，她相信自己终有一天可以和他团聚。

外交官的妻子

　　在日军监管期间，菲律宾各地游击队出没频率越来越高。为了打击游击队，粮食、牲畜全被日军以加强监管的名义没收。越来越贵的物价，越来越高的通货膨胀，本已糟糕的经济情况更是雪上加霜，饥荒已来临。

　　雪兰记得，在那几年里母亲严幼韵买过的唯一肉食就是毛鸡蛋，里面是半成熟的小鸡胚胎，这是要给孩子们增加营养才狠心买来的肉菜。孩子们的衣服每一件都由严幼韵一手缝制，唯一买的鞋子是最便宜的木质凉鞋，木鞋子底再硬，也只能忍着了。毕竟孩子们天天在地上跑，不能不穿鞋。

　　有一次，严幼韵拿一大筐的比索想去买一打黑市上的鸡蛋。这么一大筐比索在正常物价下，可以买很多东西了。可当时通货膨胀太严重，严幼韵赶过去的时候黑市里鸡蛋已经又涨价了，最后只能空手而回。情况差到快要撑不下去，只能寄希望于华侨们送来的食物。大米，青菜，田鸡腿，鸡肉。只是时间越久，送来的肉食越来越少，持续的战争因为太久了谁都过得不容易。能有华侨送食物过来都是因为杨光泩在菲律宾的名望，他带领下的中国领事馆得到了华侨华人真心的敬慕。战争爆发后杨光泩的妻子与孩子，外交领事们的家眷们才能次次得到救助。如果没有华侨们的救助，这些妇孺们恐怕早就饿死在菲律宾了。

日军与美军交战激烈，局势越来越紧张。1944年，美军无差别轰炸马尼拉，着手攻打菲律宾。日军已经逐渐处于劣势，但日军疯狂的反扑却指向了无辜的平民百姓。

轰炸时，空袭警报尖锐炸响，B-29机群的特有轰鸣声响彻天际。没有防空洞，每次空袭就像是一次死神镰刀下的逃亡，严幼韵带着孩子们分头躲在房子里，寄希望于命运的眷顾。他们所住的地方不远处有一个日军的弹药库，严幼韵担心美军过来轰炸弹药库，万幸的是遭遇的空袭都没有到这里来。心惊胆战之时，实施灯火管制的日本兵只要在巡逻中看见了灯光，就会直接扫射，生命在此刻毫无意义与尊严。上一秒鲜活的人，也许下一秒就是一具尸体。不论来自哪里，是什么身份，有何牵挂，在生死之间都会归于虚无。残酷的战争里，每个人朝不保夕的生活如寒夜里的荒草自生自灭。

雪兰虽然年纪不大但是也知道从前可以吃黄油，吃蛋糕，吃奶油小麦片的日子再回不来了。每天吃的都是糙米和没有半点油水的蔬菜，但她也明白，这些已经是最好的伙食了。每天仆人们都在吵架，内容不外乎是谁拿了谁的油，谁又拿了谁的菜。争吵不休的情况总是需要严幼韵出面才能平静下来，孩子们也在各自母亲的教育下，学会了听到警报就赶紧卧倒，学会了自己挖防空洞，学会了寻找掩体，还学会了自己制作应急包，里面放的是一些水和味道很难吃的饼子。这些饼子也是自己做的，每到警报响起，严幼韵都赶过来保护孩子们先分散藏好。

这样的日子熬到了1944年末，一位日本军官过来通知他们房子门前的路马上会被封锁。如果此刻不离开，那么就再不能移动半步。如果决定要走，立刻搬走。

走还是留？此刻，二十六口人的命运全部压在了严幼韵的选择上。留，这里马上会隔离封闭，没有物资和粮食又能生存几天？但哪里来的物资可以储备，留在这里又怎么知道会不会被杀？走，又能走去哪里？哪里是安全的？这么一大家子人，怎么搬家？日本军官给出的期限只有一天，天色马上就要黑了，严幼韵一个人站在门廊处，灰色的天空面无表情。严幼韵下定决心，马上搬走。

只能再次打电话给卓牟来，希望他能帮忙搬家。幸好这里是交通银行原先准备留给员工们住的房子，所以电话还能打通，卓牟来接到电话之后，同意了严幼韵的决定，要她马上收拾东西，第二天一早，他就会赶过来帮他们搬家。一夜无眠的人们早已经不再在黑夜里点灯火，摸黑收拾仅有的几件行李。第二天清晨，卓牟来在当地华侨的帮助下找来了两辆卡车还有汽油，如此快捷的救助速度只是因为他们是杨光泩的妻子和孩子，是深受当地华侨华人爱戴的外交领事的家人。很快搬了家，谁也不知道什么时候会再拉响空袭警报。

严幼韵带着几十口人，在卓牟来找到的几所空房子里安置了下来。虽然不知道这平静能保持多久但也足够他们喘一口气。生活在战乱之际的人们，不再在意未来，只能活在当下，存活在当下。

很快严幼韵就发现自己搬家的决定是多么的正确，不到几天，交通银行这两所房子全被摧毁了。劫后余生之时，每一刻都是感恩。如果没有卓牟来，这几十口人根本活不下来。卓牟来的太太周英霞更是无比善良，每次当严幼韵请求他们的帮助时，她都会让丈夫急忙赶去照看他们。

严幼韵不知道日本兵什么时候会过来，更怕日本兵借故杀人，于是这次住的房子里也建了非常多的小地方可以躲人。地板下面有洞，楼梯下藏着暗门，房顶和天花板中间都可以藏人。情况不对时，家里的女人和孩子全部躲起来以防万一。天花板上专门设了一个隐蔽的绳梯，那是为了让大家爬到房顶里躲起来用的。

每所房子只是暂时空置下来的，每当房子的主人要回来，严幼韵就只能带着大家不断搬家。最后找到的地方，是莱德斯曼老师在圣梅萨的空房子。老师回了老家，这所房子暂时可以安心住下来。子弹和弹片飞进房子，榴霰弹片直接击中房间里的家具，生死一刻的频率越来越高。孩子们静悄悄的不敢说话，母亲们搂着孩子，抓紧了孩子们的衣服，一有意外立即扑住孩子。战争无处不在，严幼韵和太太们带着孩子像一群没有方向的鸟，仓皇地躲藏。

在日军与美军的激烈交火后，战争结束的这一天终于来了。

1945 年 2 月 3 日，这一天，美军进入了马尼拉后马上解放了圣托马斯大学里的囚犯。消息传来，日军的反扑如疯狂的野兽。美军与日军一个街区接着一个街区地战斗，一步一个脚印地推进着，子弹加徒手搏斗，血汗交加。在马尼拉中心邮局，日军与美军甚至是一个房间接着一个房间地争夺地盘。丧心病狂的日军把见到的东西全部摧毁，边撤退边杀人，射杀了数千名无辜的菲律宾人。

严幼韵所在的圣梅萨战况同样激烈，她们带着孩子，在花园里的防空洞整整待了一天一夜，不敢出来，不敢移动。外面已经是流血的地狱，只要被日本人看到，不论是人还是动物，都会立即被扫射。严幼韵带着孩子们待在防空洞里，耳边是持续不停的枪声和近在咫尺的火箭筒发射的声音。几十个小时未敢休息，充血的眼睛已经疲累至极。终于一位年轻的医生面容出现在了防空洞口。

严幼韵吓得下意识躲开目光，紧紧搂住孩子。再一看，这是熟人。只有相熟的几个人才知道防空洞口的位置，这位年轻人原来是卓牟来派过来的。他不断地催促他们赶紧上救护区，离开这个人间地狱。再过不久，这里也将被日军扫荡不留活口了。母亲和孩子们腿脚全麻，一瘸一拐迅速又悄无声息地离开了。在一个医院里一住就是一个星期，直到有人来通知说美军已经掌控了整个马尼拉。此时，距离美军进入马尼拉释放圣托马斯大学囚犯已经一个月了，艰苦卓绝的战争之后，马尼拉终于安全了。

自己安全了，严幼韵立刻带着孩子们去圣托马斯大学看望多萝西。见面之时严幼韵心碎了，多萝西的丈夫，一米八的个子瘦到只剩下 73 斤，整个人像一幅移动的骨架，身上还带着榴霰弹的伤，这是美军在争夺圣托马斯大学时枪弹袭击所误伤的。万幸的是，多萝西和两个儿子，虽然都十分瘦弱，但总算也活了下来，其中有一个儿子是在关押期间生下来的。在这几年日本人把整个大学城里的食物配给定在了最低生存线以下，这是报复性的设定。还不允许有外来食物进入，这里囚禁的男人几乎把食物都留给了女人和孩子，关押的所有男人全都瘦到不成人形，几近死亡。

置之死地而后生，几年战乱的非人生活终于过去了。严幼韵同样地消瘦异常，只要一看到日本兵就焦虑紧张。男仆佩德罗因为不舍母亲当时没有和她们一起转移到医院，留在莱德斯曼家里。最后被流弹射穿腹部而死。

人生这一世，只有经历过生死，才能明白活着是多么珍贵。也正因为这样，生命里那些脆弱的，易逝的，彷徨的，都会沉没继而沉淀，最终成为生命的底色。经历过战争而存活下来的人，更懂得生命的可贵，何为永恒，何为勇气，何为生活，能够活着就是恩赐。

对于这段日子，严幼韵的感恩大于恐惧，如果没有华侨的救助，他们活不到这场战争结束。阴霾终于散去，一切重新回到了和平与宁静。那些死去的忠魂，那些消解的血肉，那些呐喊与不屈，深深扎进了这片鲜血染红的土壤，化成了幸存者的铭心刻骨。

终于回归安宁

　　马尼拉重归美军手中后，生活依然继续着。逝者已矣，生者奋发。布里克斯顿山路 16 号这里已经有了美军的驻军，严幼韵把家搬了回来。美军不同于日军，他们把自己的食品分发给了周围的住户。严幼韵的家里，重新有了斯帕姆午餐肉，有了焗马铃薯和黄油。对于正处于生长发育时期的孩子们来说正是求之不得的食物。生活渐渐恢复了元气，美军在网球场上竖起了电影大幕布。欢迎所有人去看，在那里，孩子们看到了当时最热的美国大片，回来之后唧唧喳喳讨论的声音让严幼韵觉得仿如隔世。

　　严幼韵要带大三个女儿，这是最大的现实。此时的她心里已经有了定论，回国已然是不可能的了，祖国还在日军的手里。只能去美国了，这是孩子们未来唯一的光明。美军掌握全局之后，麦克阿瑟夫人来看望严幼韵这位老朋友，一同前来的还有威廉·端纳。严幼韵认识这位威廉先生，他是张学良和蒋介石都十分倚重的顾问。威廉先生本身是澳大利亚人，这一次能再次见到严幼韵也觉得是难能可贵，毕竟能在如此残酷的战争中生存下来已然是难得之至。端纳先生为严幼韵安排了免费船票，这是一艘专门为美国人安排回家的邮轮，也是最早的一艘。船票很紧张，严幼韵只能带自己三个女儿去美国。

　　思量再三，严幼韵把吴妈留给了孙太太，吴妈可以在孙太太那里继续工作。战争结束了，孙太太这趟延迟了几年几乎不能成行的旅程，终于可以继续了。孙太太将会带着吴妈收拾东西，晚几天也会出发去美国。德平愿意留在菲律宾，她已经适应了菲律宾的气候和人文，她愿意留下来为薛敏老家工作，不愿意去陌生的美国。莫太太和萧太太，邵秀兰都选择去美国，只是会晚几天出发而已，唯一选择回中国的只有姚太太，她也将会被安排安全回国。

　　此时已经是 1945 年 4 月 12 日了，广播里传送着罗斯福总统去世的消息，严幼韵带着三个孩子坐上了汽车。经过已经沦为一片废墟的马尼拉市中心，面前出现的是埃伯利海军上将号。本来这艘船是用来作为海岸警卫运输的船，上面多的是轮休回家休息的美国士兵，再加上撤离菲律宾等着回家的美国人。船上很拥挤，因为麦克阿瑟将军的影响力，严幼韵和三个女儿再加上端纳先生与秘书安塞·李六个人得以享受九铺特等舱的待遇。

　　严幼韵在船上竟遇到了多萝西一家，他们也将乘坐这艘船去纽约州的北部。多萝西一家坐的是一个二十一人乘坐的船舱，此时依然处于战争时期，为了防范随时可能遇见的日军潜水艇，这艘船配有一艘驱逐舰护卫。严幼韵依然晕船，甚至无法离开船舱。只有蕾孟不晕船，负责往餐厅里拿食物的活就交给了她。

　　这艘船快要到达夏威夷时遭遇了一场风暴。风暴大到差点把船掀翻，但因为整艘船负重下，所以遇到风暴非常危险。风暴期间船舱里的行李到处飞，从墙边滑到地板，再从地板滑到墙边。

　　提心吊胆之后，风暴终于停歇了。严幼韵觉得自己的胃都快要翻出来了，只能紧紧抓住孩子们，抓住一切固定的东西不被摔出去。一夜无眠之后终于平静，海浪如白鸽飞扑上船舷，拍打得船舱浪潮阵阵。严幼韵想起了很多，又像什么也想不起来。战争像最高明的魔术师，经历过它的人神奇地学会了乐观与忘却。就像海上的风暴，雷霆万钧之后，也是昨夜了，此刻天已放晴，扬帆起航恰是时候。

1945 年 5 月 4 日，船到了加利福尼亚圣佩德罗，在麦克阿瑟将军的影响力下严幼韵一行受到了极高的礼遇。下船之后，没有护照和签证的她们在一位热情有礼的美国国务院工作人员的引路下，直接来到了海关和移民局。没有想到的是，加利福尼亚比马尼拉冷太多了，严幼韵根本没有带厚衣服。

这次来美国，对她影响最深的几样东西就是光洊的眼镜和手表，还有那一缕头发。她一直都不相信杨光洊已经过世。她对一切可能的明示和暗示都视而不见，只是默默带上了杨光洊的东西。她还想着，等哪天找到杨光洊就亲手给他戴上手表和眼镜。

红十字会的志愿者们为所有的人提供了海军妇女预备队制服。办妥一切手续之后，他们被安置在格兰德旅馆的一间大套房里。严幼韵带着孩子们在这里听到了杨光洊和领事们被射杀的官方通知，严幼韵默然不语，呆若木鸡。此刻对杨光洊的思念像无法追回的光芒沉入了永远无法回头的黑洞。

同时宣布的还有一个消息，菲律宾的华侨华人开始集资为杨光洊建立中国领事官员纪念碑。几年的磨难和苦楚失去了最后的心灵寄托，痛哭失声，肝肠寸断……这件事，成为了压垮严幼韵的最后一根稻草，这一次，她没能忍住泪水……

很多年之后，马尼拉杨氏宗亲会的记载历历在目。1942 年 3

月 18 日，杨光泩和他的同事们被日军押送到古代王城的圣地亚哥城堡地牢里。4 月 17 日，杨光泩等九位外交官被押往菲律宾华侨义山秘密枪决，就地掩埋。另一头，则是一心盼着丈夫回家的严幼韵，守着孩子，守着希望，四处打听着杨光泩的消息，还在希冀能把杨光泩救出来。枪决时，目击者墓园工人因那希仙道斯和当时的警卫吴天锡，菲律宾保安扶西描邬共同还原了当时的情景：杨光泩和同事们被押往墓地东南的一个草坑，日军要求他们面向草坑站立，行刑队在他们的身后端着枪上膛，黑洞洞的枪口冷冷地对着。杨光泩一身正气，怒斥日军无视国际公法。枪声响了，连续几颗子弹却没能夺去杨光泩的性命。他手指着自己的胸口，大声告诉他们应该往哪里打。枪声再次响起，九人接连倒下，身体栽到事先挖好的草坑里。泥土翻飞，烈士血肉在菲律宾炽热的夜色里颓然倒下。日军士兵向前用刺刀在八人身上连捅数刀，全部掩埋。

执行秘密枪决之后，日本人也知道自己这样的行为违反了国际公法，于是一直处于保密状态。对外则宣称这九人已经全部被转移了，但不透露具体地方。时间已经过去了三年，此地已是异国他乡，杨光泩却从此长眠在那个潮湿而炎热的马尼拉，大洋彼岸，生死相隔。眼泪像是一条流不尽的河，浸透了无数的苦楚和守望，只是那个一直在等的人，却再也回不来了。

四天后，欧洲战场取得了全面胜利。1945 年 5 月 8 日定为了欧战胜利日。同年 6 月 26 日五十个国家的代表一起聚在了美国旧金山，在这里共同签署了《联合国宪章》。这意味着，战争终于结束了。

逝者往生，生者流离。

　　不论这里曾经死去过多少人，埋葬了多少条活生生的生命，一切都已经无法追回。而生者能做的就是建一座心上墓，一缕心香祭奠亡魂。离离原上草，一岁一枯荣，生命如花落，疾风骤雨之下，消失的消失了，留下的别无选择，只能强大。

第六章
寻常人生·
爱奋斗也爱生活

纽约城的五味杂陈

痛至心扉的哭泣之后，严幼韵带着孩子在洛杉矶逗留了一段时间。之后才到达旧金山见到了宋子文和顾维钧，他们俩带着中国代表团在此商谈联合国事宜，严幼韵受到了热烈欢迎。作为杨光泩的遗孀，严幼韵值得这一份敬重和礼遇。虽然严幼韵根本不想要这份敬重和礼遇，她只想要杨光泩陪伴左右，哪怕一无所有。

在这里，严幼韵还见到了很多的老朋友，胡世泽，刘锴，俞国华，于焌吉等。中国代表团安排严幼韵住进了奇瑞街上的一家酒店。相聚的激动还未褪去，当天晚上，雪兰就发了急病，顾维钧和他的朋友紧急把雪兰送进了医院。

雪兰这一次的情况非常特殊，幸好送医及时当晚诊断后做了阑尾切除手术。也是因为雪兰手术需要的时间长，严幼韵萌生了想要在旧金山安顿下来的想法。但是当联合国大会的会议结束之后整个是中代表团的人都回国了，这时严幼韵才发现失去朋友相伴是如此孤独。她决定带着女儿们去一个中国人多的地方，去一个朋友多的地方生活。

几经权衡，她选择了纽约。八月天气转凉，严幼韵带着女儿们坐上火车。整整三天三夜才能到达纽约，中间还要经过芝加哥中转。火车汽笛声声处，曾经的佳人现在已经是母亲。她在火车上慢慢回想起少女时代从天津坐火车去上海的自己，那时的她想念着沿途的特色小吃，少女的心里满满的全是快乐。然后是与杨光泩度蜜月的自己，甜蜜温馨里全是幸福，一路上的风景让她这个从没有出过国的中国人大开眼界。沿途风景如画，明灭之间已经是千山万水。

终于还是来这个异国他乡了，带着孩子，回不了祖国，今后就要为了孩子们的前途而努力了。到达纽约之后，顾维钧的朋友何士先生事先为严幼韵和孩子们安排了一家饭店。饭店非常豪华，条件很好，只是还在战期，饭店只允许住五天。五天后，严幼韵带着女儿们去了郭华德和潘振坤在长岛格伦科夫的避暑别墅里暂住。住了几个星期之后，在广播里听到日本内阁投降的消息。

严幼韵终于不再惶恐，不再一听到日本兵就心惊胆战，女儿们还小，只能依靠她。回想着丈夫在世时对女儿们的期待，严幼韵用超乎常人的意志力克服了软弱与漫无边际的悲伤，哪怕是一个人，她也要把女儿们培养成顶尖的人才，以慰丈夫的在天之灵。

纽约很多朋友都知悉她的情况，纷纷向她伸出援手。罗伯特·黄在这时给予了严幼韵很大的帮助，帮她起草了一份报告，里面是杨光泩牺牲的详细情况和领事们的事迹。他的努力没有白费，国民政府在收到这份报告之后，为这些牺牲的领事家人们补齐了不多的欠薪。

那么接下来的日子，应该如何过下去呢？

严幼韵在心里有了一个方向，严幼韵之所以选择纽约是因为这里有最好的教育条件，孩子们可以拥有最好的机会。没过多久，雅斋和孙崇毅带着吴妈来到了纽约，再次相见分外亲热。他们喜欢结伴一起吃饭，孩子们早已经玩熟了，所以经常是结伴去自助餐厅吃饭聊天，任谁也看不出这些笑语嫣然的女人们曾经历的惊涛骇浪。

杨蕾孟一直处在讲中文和英文的环境里，哪怕是战乱时期严幼韵也一样没有放松孩子们的教育问题，所以蕾孟在阅读和口语方面没有任何问题。只是几年的战乱生活让蕾孟接触到的东西与美国同年龄孩子们接触的完全不一样，比如说最初蕾孟看见美国少女们追星时发出的尖叫声简直难以理解。

严幼韵想到了在马尼拉曾结识的一位朋友，明娜·卡尔霍恩。她的丈夫曾经担任过花旗银行菲律宾分行行长，没能及时离开马尼拉后被囚禁在圣托马斯大学。明娜在战争爆发前因为有事处理就已经回到了纽约侥幸躲过了一劫，严幼韵想让她帮忙推荐一个适合蕾孟读书的学校。

明娜一听，马上表示愿意帮忙，很快就为蕾孟找到了一家女子寄宿制学校。在蕾孟眼里，这所学校跟她在小说里读的一模一样，她喜欢这里安静而有序的气氛，更喜欢这里的学习氛围，这个学校对于蕾孟来说非常适合。

明娜为蕾孟申请到了全额助学金，这里的老师也很喜欢蕾孟。蕾孟长大之后回忆起读书时光时恍然惊觉当时学校里的老师对她有一种区别于他人的宠溺，也许是因为在他们眼里，读过很多小说，了解很多事情，同时还能有一口流利的英文口语的中国孩子太难找了吧。

老师们不仅喜欢她，而且很照顾她。比如学校里有位老师觉得蕾孟太瘦了，每到课间就专门喊蕾孟过去喝热奶昔，只想把她养胖一点。这样的待遇反而令蕾孟局促不安，她只希望和同学们一样。其实蕾孟的性格很乖巧，哪怕没有那些优点与战争的经历，老师们也会喜欢她。

明娜就在学校教书，她的两个儿子就在这所学校隔壁的菲利普斯学院读书。蕾孟的读书问题解决了，接下来便是雪兰和小女儿茜恩的择校了。在这方面严幼韵没有经验，但她会找到最有经验的人：徐爱华。

徐爱华为严幼韵提供的建议是，让雪兰和茜恩去市区的比尔克瓦腾学校读书。这所学校学风很好，条件设施一流，而且教学氛围也不错，徐爱华自己的女儿玛丽琳也在那里读书。缘分就是如此美妙，因为这样的安排也让雪兰和她的女儿玛丽琳成了一生的密友。

说到孩子，老话说三岁看到老，而在这里，从小就能看出几个孩子性格的不同。比如说雪兰就是一个急性子，每次去上学都是跑着去。不是因为有多心急，而是每天早上她一边要找衣服，一边要吃早餐，一边还要跑出门，经常跑到一半还要回来拿落下的东西，怎么可能不跑着去。但是茜恩的性格却与雪兰相反。头一天晚上茜恩就会把上学要用的东西，衣服，文具，课本等全部准备好。到早上茜恩就可以慢条斯理地去上学，一点都不用着急。这样的性格贯穿了茜恩的一生，她总是很有条理，很会安排所有的聚会和活动，只要有她，一定是圆圆满满。而雪兰就是风风火火，甚至还有时丢三落四。

安顿好孩子们后严幼韵就到处去找房子，她要找的是套间，要安全，房间最好能大一点。要考虑到孩子们的成长空间，还要考虑孩子们上学的便利。

纽约是一座全球化的大城市，到处是高楼大厦，建筑林立，多姿多彩。但是战争的影响还在，房源很少，而且很多房东并不愿意有太多孩子的家庭，所以严幼韵要找一处合心意的房子却并不容易。没有办法，一切都要靠自己。严幼韵能做的就是尽量拜托朋友们多打听，多留意。

就在苦寻不到的时候，突然听到唐将军要回国的消息，这可是个好消息。唐先生住的正是一个四房公寓，不仅家具齐全而且交通便利，更重要是离学校很近。严幼韵急匆匆赶过去时唐将军却说公寓已经答应了别人不能再租给她了，可是严幼韵并不想放弃这么好的资源，她答应了唐先生提出的租房要求，比如说为唐将军的儿子唐建文保留一间卧室。那位转租人不愿答应的条件，严幼韵全部都答应了，不仅当场付款，而且把唐先生的家具也全部买了下来。她知道一点就是这所公寓很适合当自己家，所以一定要争取到。

这是一套很传统的纽约西区公寓，有四间房，留给唐建文一间之后，严幼韵把其中的书房改成了自己的卧室。一条长长的走廊通向后面的卧室，房间就分散在走廊两侧。为了孩子们的学习，严幼韵把外侧的书房改成了卧室，这样一来，大门和卧室就只有一门之隔了。

卧室的确方便，但缺点就在于离大门太近了。有一次，当她和朋友正在家里做美甲，没想到王正廷来访。他是杨光泩与她结婚时的证婚人，所以吴妈开门开得很快，快到严幼韵和朋友还来不及躲到屋子里就被王正廷撞了个正着，两个人伸着手和脚坐在那里，呆呆地等着指甲油干，画面相当尴尬。

严幼韵在这样的日子里稳定了下来，有朋友在，她就不觉得孤独。生活总是这样，再多的大喜大悲也会被这些微弱小事冲散成平常人生，路依然要走下去。这时的她决定要去找一份工作了。

经济条件有限，杨光泩补发的薪水和她自己带的那些钱只会坐吃山空。这时严幼韵的朋友们伸出了橄榄枝，有一位朋友介绍严幼韵去自己所在的保险公司试试，他觉得严幼韵的性格应该适合和人打交道，应该能胜任这一份工作。严幼韵太了解自己了，她这辈子注定只能做个买方，做不了卖方，她婉言谢绝了这份邀请。

没过多久，唐先生的儿子唐建文回家了，他住的房间是父亲特意吩咐严幼韵留下来的。闲聊几句时，唐建文知道严幼韵在找工作居然推荐了一份工作给她，原来唐建文在联合国人事岗位工作，空缺岗位信息都由他发布。

最初不了解时唐建文不会为她推荐这份工作。但是真正接触之后严幼韵不仅用自己的人脉圈子为唐建文介绍朋友，有些为人处世的经验让唐建文也是大开眼界。不得不说，这便是一个人的沉淀和才华了。也是多年外交官夫人生活的熏染，其实已经让严幼韵有了很高的外交素养。再通过观察严幼韵和朋友之间的聊天，让唐建文发现严幼韵其实很适合去做礼宾官。严幼韵立即打电话去请教胡世泽，当时他任职于托管及非自治领土情报部助理秘书长，他的推荐会让严幼韵更快地得到这份工作。

胡世泽一接到电话知道情况之后先就笑了，在他的印象里严幼韵是不可能每天早上九点起来去上班的，只有富豪千金和外交官夫人的生活才适合她。

严幼韵也没想到原来在别人眼里她其实只适合享福，不需考虑工作的人。上海大小姐的美名相伴到今天，人人眼里娇花一般的她，怎能去工作呢？虽然每个人都知道她曾在战乱中存活，却没人相信她会有工作的一天。

战乱与丧偶之后的遭遇让她明白只有独立才能真正撑起一片

属于自己的天空。取笑归取笑，胡世泽当即就给严幼韵进行了牵线与安排，严幼韵很快就与礼宾司司长见了面，了解了严幼韵的经历和经验之后，司长说这里薪水不高，可能只够付你的房租，如果你愿意，周一就可以过来上班了。严幼韵当机立断，不论什么收入，先工作再说。

在朋友们的惊讶目光中，严幼韵开始了自己的礼宾官生活。这里的同事们素养很高，非常国际化。虽然这个岗位薪水的确不高但是假期却很多，每个月就有两天半的年假假期。累积下来一年就有三十天的年假，每个月还有一天半的病假。严幼韵从来不动用病假，她只要这些年假就已经足够陪伴孩子们了。

在联合国工作每两年她就可以休一次两个月的长假，并且享受联合国为其报销乘坐头等舱的费用，这个费用是包括她本人和随行家人的费用。还未能等到严幼韵攒满两个月的假期带孩子们度假，一个让她伤心却又避免不了的消息传来了——杨光泩的国葬。

南京政府通知她将在1947年的9月为杨光泩与死去的领事们举行国葬。心中伤口再次被撕开的严幼韵根本没有精力照顾三个孩子，路途又太过遥远。吴妈担心严幼韵的身体，所以强烈建议带蕾孟一个人回中国参加这次国葬。

遥远而漫长的航程里，蕾孟看着哀哀欲绝的母亲却不知应该怎么安慰她，她自己也好想哭，好想爸爸，最终却强忍住哭的冲动安慰伤心的母亲。严幼韵这一路想起了什么，忘却了什么，记住了什么，留下了什么，已无处寻觅。

千里奔波，远渡重洋。到达南京之后严幼韵知道了更多的细节，烈士遗骸是在马尼拉由莫太太发掘辨认的。装殓入棺后从马尼拉一路护送到机场，那一段路上菲律宾人和华侨们自发组成的默哀长队绵延了三公里。

外交部为所有牺牲领事官员都修建了单独的墓地，这里被称作九烈士墓与整个公园融为了一体。青山沉沉，绿树寂寂，大理石墓之下长眠再也醒不过来的杨光泩，此时站在墓前的蕾孟已经是一位初长成的少女。时光如水流过，一切只余一声叹息了。杨光泩在天有灵的话，看着自己的妻子女儿痛哭失声又会是何种心情？思念与牵挂，从此隔了生死，隔了阴阳，此生再也不复相见了。

经过这次公祭，严幼韵内心久久难以平复，她先安排蕾孟回到了美国读书。自己则选择去上海和兄弟姐妹们见面。人事已非，转眼当年的新嫁娘们已经拥有了各自不同的生活。姐姐华韵带着一个儿子和两个女儿一起在上海生活。莲韵身体一直不好卧床了很多年，好在精神很好，操持家务教导孩子联系亲友都亲力亲为，莲韵所嫁的银行家徐振东待她很好，两个儿子一个女儿也很有教养。

不同的性格，不同的命运，造就了不同的人生。彩韵嫁给了北京协和医院的同事，非常著名的生物化学家吴宪，志同道合的他们生了三个女儿两个儿子。再次见面，母亲已经离世几年了，那时的严幼韵还在战时的马尼拉生死未卜，母亲直到临终也没能见到幼韵。即便如此，老人依然为严幼韵留下了一份丰厚的遗产，在母亲心里自己的幼韵一定会平安无事。

那一刻握着母亲留给自己的首饰珠宝，严幼韵悲从中来不可抑制，一时间满屋子都是哭声。骨肉分离，生死永隔，远渡重洋才能见上一面，人生怎会行到这一步。

离根之后的花朵，在人世飘零，几番起伏，几次波折，挂念的依然是那最初的家。物是人非，拿着母亲留下的遗物，严幼韵的眼泪止都止不住。

母亲为其留下的珠宝不仅有钻石，还有一整袋宝石，最为特别的是一套由水头非常好的玉做成的头饰。严幼韵把原石都留下了让莲韵保管，她只带走了几样简单的首饰，她知道自己还会来上海，生死仅是一瞬，哪怕邮轮航线再遥远，只要亲人在她依然会年年来。

没想到的是，命运捉弄，这一走她便一直再没有回过上海。

之后严幼韵来到了自己国富门路房子里，这里还住着杨光泩的一些亲戚。严幼韵这次过来是为了取回一些餐具。杨光泩在世时对于这些弟弟与妹妹非常照顾，去世之后，亲戚们之间的言谈依然是念着杨光泩的好，记挂着严幼韵与三个女儿。回忆满，相思深，最后化作一次眉梢微皱，一切往事最终也只能留给自己品尝。笑也笑过，哭也哭过，再不舍的见面，也终究只能分离。

见面之后在他们的帮助下很快就整理好这些餐厅家具，她准备把这些都运到美国去。杨光泩不在了，在上海的房子不可能复制到美国，家具是他们俩曾经一起生活过的证明，一件不少地都要带回去。趁这次回国的机会严幼韵定制了一些客厅家具和卧室家具，喜欢中式风格的她想让家具陪伴自己在纽约的生活。

家具到了纽约之后，严幼韵把原来唐将军的旧家具处理了换上从上海寄过来的新家具。日子安然过了下来，只是房东弗兰克突然来找麻烦了。起因很简单，房东想把这套房子拆成两套来出租，这意味着严幼韵只能租到其中的一半。被严幼韵拒绝后房东开始找碴。一次他还直接打了为严幼韵清扫房间的仆人，找理由直接把严幼韵告上了法庭，就是为了逼严幼韵退租房。

上法庭，严幼韵并不怯场。她完全占理，严幼韵自己为自己辩护，铿锵有力的申辩完美地保住了公寓的居住权。虽然胜诉，但这样的经历还是会让人心里不舒服。严幼韵不愿意再住在这里，马上在新泽西租下了另外一套房子作为周末度假和避暑的去处。接着买了郭华德的二手凯迪拉克车，为了开车，严幼韵还专门去学了驾照。

添置了汽车，拥有了工作和公寓，还有了一套消夏别墅，三个女儿也都在私立学校里读书，安定下来后，新生活终于重新启航。经历了马尼拉生死之战，在美国从零开始，一点一滴为自己为家里筑建了一个温暖的小巢，最后才拥有了现在的这一切。

人生还有什么好去回望，不论是严幼韵与房东还是搬家具，她每天依然要为工作而奔波，严幼韵除了自己没有任何依靠。回到家也没有一个人安慰，三个女儿还需要她照顾。生活，就这样把严幼韵骨子里的独立和坚韧打磨得炉火纯青。一个人带着三个女儿，依然过上了安定而充实的生活，这一切来之不易。正因为来之不易，所以严幼韵底气十足地过着日子，不念过去，不惧未来，精致美丽的她必然是生活的赢家。

女人，在人世的成见里，总是柔弱可欺。但当生活的风暴来袭时，女人却能化作最强韧的守护者，守护家庭，守护孩子，守护自己，过自己的生活，不依靠，不谄媚，不留念也不回忆。当女人不再为情所困，为情所痴，善待自己，善待自己的人生，学会了把一切埋在心底，那么真正自在的生活终究要来临。

礼宾官的工作日志

工作，对于严幼韵来说并不是一件必要的事情。

正如她的朋友曾经说过的，她怎么能出去工作呢？身为千金大小姐，一世荣华，哪怕只靠遗产，她也可以活得很好。但是她想工作，想为自己的生命找一个支点。哪怕联合国这份工作的薪水并不高，甚至还支付不了她在纽约城的房租。

但是只要有工作，也就有了生活的重心，也就有了与朋友交往的机会，也就有了另一种生活的可能。她的同事们来自于各个国家的高素养人才，有来自法国的伯爵位，还有男爵，礼宾司本身就是处理外交中的礼仪事宜，所以自然会偏向于聘请一些来自于皇室，熟悉皇室礼仪的人才。严幼韵因为有数年来的外交经历，再加上大户之家的见识与教养，才让她在这份工作中如鱼得水。

礼宾司上班的员工不多，只有八个人，但都来自于各个国家，比如说有法国、委内瑞拉、英国等。所以在办公室里会要用到汉语、英语、法语和西班牙语才能有效沟通。这里工作的人有着极强的国际意识，同事之间的文化差异特别大。

工作任务则是司长分派，严幼韵分到的是联合国49个成员国中的第13个，阿富汗，缅甸，中国，埃塞俄比亚，日本，泰国，美国，苏联和南斯拉夫等国家。因为加入联合国的国家会越来多，相应的这份名单是会随时增加的。只有每个人手里派到的国家都到了上限，礼宾司的人手才会相应增加。发展到后来，整个礼宾司增加了五个人变成了十四个人的团队。尽管如此，如果没有纽约名媛志愿者的帮助，工作任务依然完不成。

纽约名媛志愿者来自于纽约上流社会的各个大家族，她们主动招待各国的代表，陪伴这些代表的家人，贴心地按照不同的宾客喜好安排活动和旅行计划，以此来结交人脉。她们身后雄厚的财力极大地缓解了联合国礼宾司的压力。礼宾司的工作细致繁杂，联合国成员国越多，相应的聚会会议也会越多。种种要求，种种压力让同事们之间都形成了一种强烈的伙伴意识。

工作压力大，于是就抱团取暖，但同事之间难免产生摩擦。严幼韵脾气是公认的好，每次当和事佬的都是她。这个角色她太熟悉，因为在马尼拉的时光里，战乱四起时也是由严幼韵掌握大局，协调关系。

礼宾司是一个看起来非常高大上的地方，好像每个在这里上班的人都只需要注重轻飘飘的礼仪，只需要在宴会上端庄高贵地招待好各位宾客。实际则不然，这里工作压力巨大，每个细节处都要谨小慎微才能避免出错，每天要做的事情都囊括了联合国所有的官方礼仪事宜。比如说，各个国家的大使接待工作，负责每个国家大使递交国书的工作等。

不同国家的人礼仪不同，那么要考虑的东西也就不同。每个国家的人忌讳的点，敏感的地方，都要照顾到。不同的风俗人情，再加上不同的外交目的，都要安排好专门陪同的人，处理好各种会议之间的衔接。还有联合国年度音乐会这种官方性质的活动，就更要对每个宾客进行安排，派发请柬，合理安排座位等。事无巨细，都要一一处理好。迎来送往，如果国家元首到来，还需要协调好各个方面的人与事宜，保证每个点都要照顾到，体现对一国元首的尊重。

世事洞明皆学问，人情练达即文章。做人做事从来就是一脉相承，严幼韵见识卓著，生死都不在话下，更何况工作琐事？

按照严幼韵的话来说，其实礼宾司的工作并不难，难点在于协调好各个国家之间的关系，让他们和谐相处，达成各自的外交目的。严幼韵接待的第一位国家元首就是哈里·S.杜鲁门总统。这是礼宾司第一位分量极重的外宾，当时的联合国大厦并没有建成，只能在外面找酒店举行招待会。几经筛选，严幼韵最终选定了华尔道夫酒店作为招待会的承办酒店。

这次招待会在礼仪上无可指摘，宾主尽欢，哈里·S.杜鲁门总统与夫人非常满意。一个娇小的身影却妥当地处理了总统刚到纽约的所有问题，笑容满面的背后却是高效的办事速度，严幼韵代表性的中国脸孔成为了联合国礼宾司的一大特点。谁也不会想到，一个带着三个女儿独自生存的女人凭自己的能力可以走上这样的舞台。她慢慢走出了曾经的世界，自此之后，人们的眼里她不是严家的女儿，更不是杨光泩的遗孀，她就是严幼韵，她拥有了在更大世界里飞翔的能力。

人生的确是靠历练的。如果没有人生前几十年的历练，没有那些痛彻心扉的折磨，没有那些生与死的考验，严幼韵不会有这样的胆量和底气在这里工作。没有那份经历过战争与死亡的从容，面对各国政要的时候如何能这般谈笑风生？

人生一切的遭遇与痛苦都有其价值。生活像一块粗粝的原石，风霜雪剑都是对生命的打磨，碎骨裂金般的切削之后才能得到温润如玉的大理石雕像。等到价值实现的那一天，曾经一切隐忍与痛苦都得到了兑现。磨砺会让人成熟，让人风姿绰约，正如此时的严幼韵，从容不迫，笑语嫣然。

生活如同月球表面光鲜的一面朦胧而美妙，背面的心酸只留给自己。在联合国的工作日子里，严幼韵要处理每天举办晚宴的各国代表团的各种问题，安排国家之间晚宴上宾客的座位，饮食菜品禁忌，迎客送客仪式等。翩翩华服下每天长达十几个小时穿着高跟鞋的站立，肌肉紧绷笑容不改，仪态万千丝毫不能让人看出疲累。来访的国家使臣因为对纽约不熟悉而产生的问题，都需要他们一一解答，小到打车，大到租房，为他们的孩子们找学校的问题层出不穷。加入联合国的国家越来越多，严幼韵他们的工作量也越来越多，光是每晚的晚宴就足够他们忙了。

最麻烦的却是排位问题，同为联合国成员国家，谁坐前谁坐后处理不好就是一个国际政治问题。经过讨论和协商，联合国第一届大会决定依然使用国际联盟的惯例排位。每月9月大会把所有加入联合国的国家名称放到一个投票箱里，从中抽出的国家其代表团就可以直接坐在联合国大使馆会议厅第一排正中央面对讲台的第一个位置。九月大会的抽签决定第一个位置之后，剩下的国家按照字母排序。如此一来每一届大会上，阿尔巴尼亚不会总排在第一，而赞比亚也不再永远排在最后一位，这样的处理方式巧妙地解决了排位问题。

严幼韵的下班时间经常要到晚上很晚，由于她负责的国家有十几个，她又要求自己出席所有负责国家的活动，于是她把业余时间都花在了工作宴会上。除了她自己负责的国家之外，她也要参加外交界和纽约外交界组织的各类活动。联合国大会期间每天要参加的活动更多。严幼韵不喝酒，她经常是一杯姜麦酒从头端到尾，一双高跟鞋从头站到尾。晚宴华服如星，美景如水，在外人看来，她的表现完美无缺。因为无论多累她依然会穿着高跟鞋，端着酒杯，精神奕奕直到宴会结束。

如果一个人的毅力足够，那么一心只盯着目标便能完成常人难以完成的任务。严幼韵不会去考虑这些晚会占用多少时间，也不会去想自己一天已经站了多少个小时，她关注的是要完成自己的承诺自始至终保持精神奕奕的微笑。

成功的花，人们只看到她绽放的美丽，却看不见努力的血泪。在今天看到的所有照片里，不论是什么场合里的严幼韵都是神采飞扬，一身旗袍端庄娟秀，笑语盈盈似乎不知忧愁为何物。在不明真相的外人看来，她过的是歌舞升平又灿烂华贵的人生，而对她而言，一切甘苦只能自知。

严幼韵喜欢参加派对，善于照顾人，亲和力与组织能力很强。仅仅这些不足以成为一名合格的礼宾官，如果没有超强的自制力，没有哪怕发生对任何状况和意外都能从容淡定的强大心灵，又如何能一世优雅，不露半分怯意？

只有周末严幼韵才会把时间完全留给自己的家人朋友。只是哪怕是在周末，联合国那些代表国的常驻代表们也会经常约她出席活动，严幼韵解释自己的周末只留给自己的家人和朋友，得到的答复却是，难道我们不是你的朋友吗？闻之，不禁莞尔。

所幸随着联合国各项职责的逐渐完善，各类工作也有了明确的划分。身上的担子逐渐减轻，工作也驾轻就熟，再次分工之后，联络各方人员成了严幼韵的主要工作。来到纽约的联合国各国代表团个人和家属都必须第一时间向严幼韵报到。

大多数代表团都是第一次来到纽约，严幼韵就成了这些异乡人解决各类问题的首选求助人物。好在美国政府和纽约名媛们大力帮忙，严幼韵每次都能顺利地找好要住的公寓，顺利地把各位大使的孩子送到合适的学校念书，顺利地安排家属成员解决他们移民和生活问题。事无巨细，事事操心，严幼韵在礼宾司简直就像一个大管家。

随着工作时间的增长，严幼韵骨子里的才华都被激发出来了。每个到纽约的大使对严幼韵的印象都非常好，认为她亲切随和效率又高，因为有她，这些外国使臣才能迅速地适应纽约的生活，打入纽约的社交圈。人们交口称赞着严幼韵能力突出，可惜这些才能不包括开车。

有一次严幼韵到了联合国门口才想起来手包忘了拿，谁知道她的包就放在车的尾箱盖上，一路开过来居然都没有掉，这也可以说得上是一段奇闻了。同事们都知道严幼韵的车技，不到万不得已不会坐她的车。偏偏严幼韵胆子又很大，开车速度飞快，开着她那辆旧凯迪拉克在联合国上了13年的班，哪怕再晚出门也从没有迟到过。所以大家有一个共识，不管是任何时候遇到问题都可以去找严幼韵，礼貌而友善的严幼韵总能给人最体贴的照顾，只是记得千万不要坐她开的车。

美好的度假生活

　　严幼韵最满意的便是联合国给予的超长假期，假期让她可以拥有整块的时间来陪伴孩子们，因为这些假期严幼韵连底薪都可以忽略。家里安排得很好，吴妈已经被她培养成了一个优秀的大厨，一个体贴而专业的管家。只是没想到的是，有一天严幼韵上班去了，吴妈照例带着孩子们出门看电影，留下工人们在维修公寓的外墙。等到吴妈带着孩子回家，她发现公寓竟然被人洗劫了，严幼韵的那些珠宝都不见了。报警也未能追回损失，警察排查之后发现，窃贼应该是从家里餐厅那一个消防安全出口进去的。

　　这已经是严幼韵第二次遗失珠宝了，恰巧这座公寓的房租也即将到期。发生这件事之后严幼韵决定搬家。在朋友的帮助下她找到了一座顶层公寓，这座公寓住着她的老朋友薛寿萱，这座房子装饰华丽而精致，公寓很大直接跨越中央公园西的 90 街和 91 街。没有犹豫，严幼韵直接付了订金，准备搬家。

　　活得痛快，不为失去而痛苦，想要什么，需要什么，当机立断地去努力。只要让自己开心的东西，只看让自己快乐的世界，这样的心态和原则让严幼韵活得越来越自在。在生活的事情上严幼韵是快刀斩乱麻的爽利，经历过战争与贫困的严幼韵对生活有着本质上的透视。正如宋子文的长女宋琼颐所说，严幼韵阿姨有着别的长辈们所没有的行动力。

一下定决心之后就直奔目的，就像她的开车风格一样，异常勇敢，敢闯敢拼像开赛车一样不惧一切。哪怕开得再不好，也从来不会因为一点剐蹭而放弃开车。这样的性格贯穿了严幼韵的一生，人生没有草稿，没有彩排。每个人都有自己的优缺点，但严幼韵就是有本事让生活围着自己转，不因为表现不好状态不佳就放弃目标。活得洒脱便是自在人生，从来没有什么过不去的坎儿，除去生死，皆为小事。人生这一次，总会遇到难忘却不得不忘的人，总会遇到不舍却只能割舍的事，既然注定要失去，何不磊落放手？

严幼韵在租下这套房子之后整个人就放松了，房子大，安全性高，装修风格深得严幼韵之心，严幼韵的家里很快就变成了一个社交中心。舒适的家自然会有一种吸引力，慢慢地家里就开始定期有了麻将打。

严幼韵下班之前就会接到很多的电话，都是在家等她等烦了的朋友们打过来的。吴妈是一位优秀的大厨，但大厨可不会陪这些朋友们打麻将。于是这些朋友们就聚集在严幼韵家里等她下班。都不需要严幼韵安排，朋友们非常娴熟地就会与吴妈通电话早早地告知会来吃饭，让吴妈根据人数来做饭。

周五下班一到家，就是一屋子的朋友。吃过饭就热热闹闹开始打麻将。严幼韵的手气不好，总是输钱给这些麻将专家们，但胜在热闹，家里永远都是笑语喧天。在蕾孟的印象里，不论什么时候回到家都是热闹的场面。亲友们聚在家里，哪怕妈妈严幼韵没来得及准时下班，她也从来不会觉得孤单。朋友一多，严幼韵的度假生活就分外多姿多彩了。

每隔一年的夏天，联合国都会批准严幼韵休一次探亲假。新中国刚刚成立，很多东西都太过于敏感，以她的身份已经回不了上海了。第一次探亲假她带着家人去了香港，不得不说联合国的福利的确很好，在探亲假里产生的大部分费用都可以报销。

严幼韵带着家人们在浅水湾酒店里住了六个礼拜，孩子们欢天喜地地玩着自己感兴趣的项目，严幼韵则喜欢躺在椅子上，悠然自得地看着孩子们追逐打闹，家庭时光美丽如斯，她通过自己的努力给孩子们再造了一个美满家园。人生确是如此，一颗种子未经历风雨，不会知道自己居然能长成参天大树；一片云彩不受尽压迫，不会知道自己原来拥有雷霆力量；那些让你痛苦的，终究会让你成长为更优秀的自己。

探亲假回程时严幼韵经过曼谷和东京。在日本，朋友朱如堂热情地招待了她与孩子们，奉上的是最正宗的神户牛肉，还带着她们去了艺伎楼。孩子们很开心，食物美味，见闻新鲜，时光如蜜糖一般让她们沉醉。经过印度加尔各答时，恒河的水与水边贫穷的景象让她震惊。饥饿的儿童，营养不良的妇女，还有无所事事的流浪汉们在蚊虫飞舞的垃圾场边上寻找着食物，这样的景象里，他们却拥有着祥和的眼神。与信仰相关的事情不需对错，当事人觉得幸福便好。

接下来去了叙利亚的大马士革，这里本不是计划中的停歇点，只是没想到飞机有个轮子坏了，只能停下来等待维修更换。换了别人估计会抱怨连天，说倒霉到轮子都坏了。但严幼韵反而挺开心，乐观向上是她的本能，在她的概念里事情本来可以更糟糕的。只是飞机轮子坏了，没有伤到人没有重大损失，已经是天大的幸运了。人的性格的确是在这些地方出现了分野。很多人看同样半杯水，一些人看到了希望，不错还有半杯水。一些人却只看到失望，居然只有半杯水了。心态的不同造就不同的人生，严幼韵的努力与独立，乐观向上的心态把生活变成了一幅多彩的画卷。

果不其然在等待飞机修理轮子的时间里，在酒店里居然偶遇到了明娜和她的两个儿子，缘分真是妙不可言，原来她也带着孩子们休假了。两个家庭一拍即合，一起参加伊斯坦布尔，看贝鲁特，看巴勒贝克神庙。如果没有那个坏掉的轮子，这一切的美好又如何绽放呢?

接下来于焌吉陪伴她们游罗马，听歌剧，尝美食，一路走过的都是美不胜收的如诗美景。一起参观的还有李国钦和陈纪恩，这两位也是严幼韵早已熟识的朋友，接下来他们一起组队去了巴黎和伦敦游玩。严幼韵在这里生活过几年，没觉得有什么新鲜的东西。三个女儿跟着这两位大朋友一起去玩了个够，把巴黎和伦敦好玩的好看的全部过了一遍。严幼韵千恩万谢，巴黎、伦敦她真的是一点兴趣都没有，还是让这两个大朋友来陪着女儿们逛吧!

当然，最开心的是三个女儿，大女儿离开巴黎时还有些记忆，但是下面的两个女儿却对这里是完全的好奇。母亲本来没有太大兴致游玩，幸好有这两位大朋友出现，母亲才放心让她们跟着出去一起玩。所以，怕什么意外，这一切都要好好感谢那个坏掉的飞机轮子! 人生这处风景，的确就像严幼韵的感觉：只要扛过去了，一切都是笑谈的资本。因为你不会知道，现在的意外，是不是戴上了面具的幸福。

比如说，在马尼拉之时严幼韵不会想到自己以后还能有这样的心境带着孩子们四处观光；在上海时单纯天真的她也不会想到，自己未来的脚步会走这么远，世界会这么大，任由她来回往返朋友遍天下。没有曾经的过往，何来今天的严幼韵，没有一段刻骨铭心，又如何能看透这世间纷扰，坚守初心，快乐过活？

这样的快乐还有很多次。探亲假结束后的第二年，也就是1951年的夏天，严幼韵在拉伊的森林大道租了一套房子。严幼韵在这里开始教三个女儿如何去操持家务，严幼韵请到了一位很棒的法国厨师：伯纳黛特。每天这位大厨都会为她们准备最好的肉冻和猪肉酱，还有普罗旺斯炖菜。可惜蕾孟和雪兰的确是闲不住的性格，每天伯纳黛特是按照人头来做饭的，但经常在吃饭前的半小时里，这两个善于交友的小姑娘又会突然带回来几个要共同进餐的朋友。每次一看见手忙脚乱的两个小姑娘跑去帮伯纳黛特安排餐具，跟去厨房加做菜肴时严幼韵都很想笑，她想要女儿们学会操持家务，但也不是这样的形式啊。

蕾孟和雪兰聪明劲总能随机应变，帮忙搞定这些新加入的客人饭食问题，每天的餐桌上都有不停歇的笑声。孩子们慢慢长大，早已开始有自己的朋友圈，她们喜欢向家里带自己的朋友，在母亲面前郑重其事地介绍。生活之于严幼韵也是笑容满面，通过自己的努力严幼韵一点一点把生活过成了自己想要的样子。

没有颓废，没有沮丧，有的多是快乐和开心。一个女人带着孩子，在战争中全身而退保住了所有的家人。到达纽约之后奋力前进，为自己打下了一片独立的天空。亲力亲为，为自己的孩子们提供了最光明的前途。这样一个女人，带着三个女儿面不改色地环游世界，朋友处处笑声不断。

不怨尤，不悔恨，不回望，一路向前的人生总会找到命定的那个出口。

家人们的重大转折

　　快乐的假期，严幼韵的女儿们每隔一年就会有一次。她们曾经在邮轮上的化装舞会上获奖，在天南海北，世界各地看花尝美食……严幼韵的性格完全遗传给了女儿们，这四个人的家庭，已经牢固得就像是根深蒂固的大树，风雨同舟，笑容共享。曾经这棵树在风雨中飘摇，今天小树们已然长成了大树，与严幼韵一起，同担风霜，共看这人世浮沉。人们总说孩子就像是父母的翻版，所以要时刻注意在孩子面前的形象，注意要在孩子面前保持上进心，有礼貌有原则。

　　死板的规则早已经不适应这世界的变化，严幼韵不需要对女儿们耳提面命，她只需要做好自己，女儿们看到了母亲的精彩，不需多说已然明白了一切。耳濡目染，是春风化雨的灵魂渲染，严幼韵不需再教导女儿们什么，因为她自己早已经成为了女儿们最好的榜样。时间飞逝，蕾孟1948年自艾伯特学院毕业之后考入了名校威尔斯利学院，毕业时拿到了威尔斯利学者称号，这是极大的荣誉。之后顺利进入了哈珀兄弟出版社工作。

　　对于孩子的发展，严幼韵不求深刻，只求通情达理。她不要求孩子们达到何种成绩，她做好自己的工作，孩子们就明白了一切。哪怕再忙，也要出席所有的活动，虽然有时一天电话响起无数遍，但是接听每一通电话时永远都是温柔亲和。讲究自己所有的细节礼节，不愿意给人留下任何唐突的印象，这样的坚持，需要数十年如一日的精致打理，需要数十年如一日的历练。三个女儿只要看懂并学会了这些也就不需要操心了。

后来雪兰和茜恩也跟随蕾孟的脚步到了艾伯特学院，然后进入威尔斯利学院，雪兰在毕业之时被推选为优等生，看起来顺利至极的学业后面是孩子们的刻苦。没有一种努力是不需要付出汗水，没有一种天赋不需要打磨。

雪兰毕业后从事了广告业，创意绝佳，备受欢迎与器重。也是在雪兰毕业这一年，蕾孟嫁给了孙崇毅，也就是雅斋和孙广禹的儿子。两人在十一岁的时候就已经认识了。只不过那时还在马尼拉饱受战乱之苦，就此相识而后一直相伴长大。这种从小到大的情分恰似"郎骑竹马来，绕床弄青梅"。严幼韵对于这两个孩子之间的情况依然是不表态。

不表态对于中国父母来说这简直太难了，但是严幼韵却能做到。她不仅不表态，而且对于孙崇毅也不作任何询问。感情是两个人的事，他们愿意在一起那么旁人只需要给予祝福便可，这便是严幼韵的态度。连雪兰都认为自己的妈妈太不一样了。

别人家的父母，从开始约会到参加派对，恨不能事事紧跟，但严幼韵却是完全放任，不作约束。只规定每晚必须几点回来，这样的态度与当年严幼韵的母亲多少有些相似。因为对子女的信任所以不会作猜想与指导，哪怕是女儿们给她看成绩单，不论里面有几个 A，有几个 B，甚至是 B-，严幼韵也只是说鼓励的评语，很好，很不错。

这样的态度让蕾孟、雪兰她们对人生有充分的自主权，任何

188

事情她们都能独立做主。当时的孙崇毅也是如此，作为毕业于拉斐特学院的机械工程学生，后来在李国钦长岛格伦科夫钨金工厂里工作。

蕾孟准备的婚礼与母亲严幼韵的华丽奢侈不同，这两个年轻人有自己的想法。他们决定在教堂举行婚礼，然后在俱乐部里宴请宾客。严幼韵完全听从蕾孟的意见，她需要母亲做什么，她就帮她做什么。

严幼韵为雪兰和茜恩缝制了伴娘服，这两套伴娘服的款式是蕾孟自己设计的。简单的款式，简单的婚礼，办完这一切蕾孟便和孙崇毅搬到了长岛去居住了。之所以选择住在长岛，也是因为这里离孙崇毅工作的工厂很近，离蕾孟自己上班的出版社也不远。严幼韵知道，蕾孟的婚礼是属于他们两个人的，生活也是属于他们的，所以简单就是快乐，不干涉最是恰当。

很快雪兰的好消息也传来了，她和薛寿萱的儿子薛杰在一起了。严幼韵能租到现在这套公寓就是薛寿萱介绍的。发现他俩谈恋爱的这件事机缘很巧，薛家就在严幼韵家楼下，一次吃晚饭时严幼韵发现这两个人居然手拉着手。严幼韵惊诧了一秒，接着就转开了视线当作没有看见。依然是不表态，这已经超越了一切语言。也许爱便是如此，没有缘由，不问来处，一刹那的牵手却是彼此独立人生里拥有两个身影的开端。严幼韵懂得这一切，不问询，不忽视，给他们足够的空间和时间去相处，一切都交给了缘分。没过多久，缘分也让雪兰走向了婚姻的殿堂。

薛杰毕业于伊利诺斯大学，年少聪颖的他大学毕业时才十六岁，由此可知他的头脑有多灵活。他的专业是计算机，雪兰则是广告设计方面。两个人定下来之后开始选定婚礼的日期，筹备婚礼，教堂宣誓。到了雪兰宣誓时，严幼韵才恍然一切还在昨天，不禁想起少女时的自己，读书时的自己，结婚时的自己，岁月如歌到现在女儿都结婚了。

刚进入青春期的女儿们追求者已经很多，每次呼朋唤友回家吃饭聊天时严幼韵都态度一致。美酒佳肴，体贴的母亲对于所有追求自己女儿的年轻人都抱着善意的态度。这样的态度让女儿们从来都不用惧怕，她们母亲分享着自己的感情状态，大大方方带着男友出现在母亲严幼韵面前。

这样的态度下人与人之间才能真正放下外在条件，心与心安静地交流、相处。严幼韵的不过问不干涉，恰恰是一种表态。她对女儿们的爱足以支撑起女儿们所做的任何决定，只要你开心就好。在这样家庭长大的女儿们，恐怕早已经知晓爱的底色了吧。那些防范与猜疑都是多余，在真爱下成长起来的女儿们慧眼独具，自由地选择自己的爱人，自在地追求自己的人生。

后来茜恩和唐骝千之间的缘分也是如此。当时茜恩在艾伯特学院就读，唐骝千在安多佛的菲利普斯学院读书。唐骝千的父亲唐星海是严幼韵多年的朋友，茜恩和唐骝千也是自小就认识，确定关系之后平稳发展。他们俩在一个大早，严幼韵还没有起床的时候就过来和她谈婚礼的事。严幼韵笑了，你们自己的事情自己做主，我什么也不干涉。但只要你们需要，我会无条件帮忙和支持。

当时骝千在耶鲁大学毕业后他自己的规划是去哈佛商学院继续深造，但是茜恩还在读大三，所以严幼韵建议了一点，希望能等茜恩把书读完再结婚。当两人拿到学位之后立马就结婚了。虽然两人年纪和阅历方面有些差异，但两人感情非常好，严幼韵始终持着乐见其成的态度：年轻人的事，让年轻人自己去规划吧。

　　处理这些事情时，严幼韵不会刻意去强调自己作为母亲的权威感。儿女的幸福是第一位，只要他们开心，过得幸福最重要，所以早已不需要多言。茜恩更是可爱，为了早一点拿到学位她决定再多修一些课程，这样就可以多拿一点分数。只要学分足够，那么就可以拿到毕业证，就可以提前毕业结婚了。今天看来，这些事情是很平常的事情。但是在当时看来这样的开明是很难得的。

　　从小到大，从嗷嗷待哺的婴儿长成亭亭玉立的少女。每一步路，严幼韵都紧拉着孩子们的手，不离左右。等待孩子们长大成人，严幼韵又用最合适的方式给她们自由和空间。如若不是对爱有着深刻的理解，又何来如此熨帖的温柔善待。爱是宽容，爱是忍耐，爱是无限慈悲。很多时候，人们总以为独立的人就会变得尖锐。但在严幼韵这里，独立与温柔并行不悖，善良与坚强也能相互依存。

万里邮航一日程

像严幼韵这样一个善良和精致的女人，怎么可能没有人爱慕呢。这个人就是顾维钧。

虽然顾维钧比严幼韵大很多，但这并没能妨碍到两人的相知与相爱。顾维钧与自己的妻子早已经分居了二十年，以他的心智和能力，以他所处的位置和经济情况，他一个人足够给自己一个美好的晚年。但是，他希望这个晚年能和严幼韵一起度过。

而对于严幼韵来说，她的生活也早已经自给自足。孩子们都已经长大成人，各自有各自的家庭和生活。在很多人的看法里，人年纪越大，爱上一个人越难。

年纪越大，看待世事的眼光越深邃，对于人与人之间的微妙与现实，对待自身与他人间的距离把握得也会越发纯熟。但在顾维钧与严幼韵这里，一切都变了。

世事从来都是如此，年轻时为情，为义，为一份心中的灼热而努力拼搏。行走的方向没有计划，任由心中烈火将自己带到命运应许之地。到了中年事业家庭就位定型，人也开始像一个上了发条的钟表，一分一秒不得出任何差错，因为上有老，下有小，自己是中间的顶梁柱，轻易不能言累，不能说苦。而到了暮年人生已然进入另一个阶段，随心所欲不逾矩的时刻，再不牵手，下辈子也不知何时能遇上了。

两个人的心越走越近，是命运，也是缘分。对于顾维钧来说，严幼韵的存在让他在外交官生活之外找到了家的感觉。严幼韵的性格与气度，深得他心。对于一个暮年的老者来说，人生的后半段能与一个心悦的人相伴，那真是最好的幸福了。顾维钧卸任驻美国大使后正式退休了。两人都自由了，也到了为自己而活的年纪。

顾维钧对严幼韵的感情，直接而热忱，他要和她结婚，要名正言顺地在一起。1959 年 9 月 3 日，两个人在墨西哥城结婚，婚礼由何凤山主持。来的亲友众多，纷纷为这对有情人送上祝福。严幼韵准备在婚礼仪式之后回到纽约办理退休手续，而顾维钧卸任之后再次被海牙的联合国国际法院选为法官，如此一来，办完退休手续后的严幼韵必然要跟着顾维钧去海牙任职。

人生走了一圈，依然是四海为家。此时的严幼韵已经不再是那个小姑娘，也不再是那个新婚的少女，她是母亲，也是妻子，更是外婆。她有了事业，有了家庭，还有一个幸福而温暖的依靠。两人一路走来并不是没有争执，也并不是没有挫折。暮年时的爱情，更像是曾经有人说过的老房子着火，不可救药。看透了世事的眼光，发现了一个温暖的所在。走过太多路途的身影，期待有另一个人同行。因为懂得，所以慈悲，因为经历过，所以默契天成。早在 1957 年，当时还在海牙的顾维钧就给严幼韵写过一首诗：

夜夜深情思爱人，
朝朝无缄独自闷。
千种缘由莫能解，
万里邮航一日行。

不管是经历过多少的感情，不管是看过了多少的风景。当遇到对的那个人，暮年的白发悄然隐去，幻化成年少时的拘谨和青涩；已然浑浊的双眼，也会因为看见爱人的身影而再次露出羞涩的喜意。对于爱情来说，不分年龄，不分时间，当你真正爱了，一切的感觉水到渠成。万千世事里，两人一相遇，哪怕身边依然是平凡的世事，哪怕依然是烦琐的人生，但是却会在心底某处，为这个人悄悄地开出一朵花。这朵花，只有对方能看到，能感知到。在爱情面前，白发苍苍也会再次染上喜人的笑意，沧桑乏累也会再次回归生命最初的期待。

爱情改变了顾维钧，也改变了严幼韵。顾维钧从事法官多年，脸上总是刻板而冷冰冰的表情。身着法官长袍之时，顾维钧不怒自威，浩然一身正气不可侵犯。这位出身于上海的外交官。毕业于哥伦比亚大学，博士学位之后还担任了袁世凯总统的秘书。

一路走来，他对巴黎和会上《凡尔赛和约》里对中国权益的践踏拍案而起。当场拒绝签字，中国人铁骨铮铮，怎能接受这样侮辱的和约？这是中国第一次向西方列强说"不"，他代表了是中华民族的脊梁。

一个人的力量虽小，但在他不断努力下为中国在国际社会里谋取了无数的权益。弱国无外交，现实残酷，真相难堪，顾维钧却凭着这一腔热血在华盛顿会议上，第一次从日本手里夺回了中国人的权益。一系列的不平等条约里，因为顾博士的斡旋，中国第一次堂堂正正地签下了平等解决问题的和约。

之后，顾维钧更是用自己的力量，坚持，不断坚持，一步一个脚印地为中国消除不平等条约带来的危害，一点一滴地消解外国人在中国领土上的特权，只为用自己的努力换一点中国平等的权益。功不唐捐，一次次的努力，为中国带来了更多利好。

顾维钧 1922 年被任命为外交总长，1924 年任代理国务总理。不仅如此，在国际上，顾维钧作为国际联盟的创始人之一，并被选为国际联盟主席。莫以善小而不为，莫以恶小而为之。一点点的努力，极富政治智慧的行动，让顾维钧为中国争取到了更多的权益。不论是联合国际社会声讨日本侵略者，还是在国际社会上持续不断地争取贷款和战略物资，支援中国抗战。甚至凭一己之力，于 1943 年促成了英国在华治外法权的废除事宜。

顾维钧像一个永远不知道累的人，只为中国人服务，只为自己的祖国奉献。后来的他，带领中国代表团参加起草了《联合国宪章》，而且代表了中国，在《联合国宪章》上签了字。可以说，顾维钧这一生，见过了太多的风云变幻，也拥有着他人一生不可及的影响力。

但这样一个坚毅而果敢的男人在看到严幼韵时，却表露出那样温柔和善的笑意。也只有在严幼韵这里，才能看到这样一个翩然君子诉说着对爱人的思念。距离遥远，想见而不得见。每到夜晚思念爱人，无处诉说，只能一人独自品味这想念的滋味。千般思绪，万种心情。世界再也不能像从前一样，事理清晰，条条分明。面对感情，人人都是初学者，只能希望万里邮航一日程。恨不能到爱人身边，远隔千山万水，一日就可以看到你。

终于，这样的时刻，不再需要记挂着万里邮航一日程，只要等到严幼韵在纽约办完退休，那么两个人就可以一起去海牙，一起成为彼此生命的一部分。当选为国际法院法官之后，1963 年，顾维钧当选为国际法院副院长，于 1966 年退休，与严幼韵一起定居于美国纽约。而在顾维钧之后的日子里，他要做的就是完成

1958年开始动笔的回忆录。因为顾维钧所处的位置，所经历的事都是见证过的活历史，所以哥伦比亚口述史中心专程为顾维钧立项，赞助其撰写回忆录，以丰富人类历史的细节。

只是，在爱人眼里，再伟大的职位也比不上爱人的身体健康。所以严幼韵办完退休之后，事事亲力亲为，只为陪伴在顾维钧身边，照顾他的生活。记得顾维钧曾经听信"健康专家"的建议，一个礼拜瘦了9公斤！面色苍白，形容消瘦，这样的大法官，只让严幼韵心疼。

人生像一次旅程，爱情就像是一次次到来的公交车。有些人刚刚等了一会儿，属于自己的那辆车就已经来了。有些人等了很久，也没有等到自己愿意坐的那辆车。每一辆车到的地方，去的方向都不一样，有些人怕赶不上自己那辆车，便早早地上了另外的车。一上车之后那些庆幸或抱怨，就是另外一个故事了。严幼韵和顾维钧彼此都是为了孩子在原地等待了太久，命运注定的那辆车终于来了，姗姗来迟的那辆爱情之车平稳而自然地停在两人面前，这一瞬间，牵手就是答案。

世间最普通的夫妻

　　人世沧桑，经历得越多，对于生活的理解也就愈加透彻。我们也许会有不同的头衔，不同的地位，不同的经历，不同的人生，但在婚姻里，在爱情里，彼此之间只是本真的那个自己。再光鲜的两个人，在一起了，也只是世间最普通的夫妻。

　　结婚之后，严幼韵跟着顾维钧乘坐玛丽女王号邮轮去往欧洲。这一年，已经是 1960 年了，在邮轮上，两个人相互照顾，彼此心悦，严幼韵的晕船已经好了很多。也许是不用再费心操劳，不需要再去照顾他人，严幼韵慢慢地适应了邮轮上的日夜不停潮汐声，轻松地享受这样的生活。每天早上两个人一起出去看海上日出，在海风中用早餐。散步，聊天，简单而朴实的相依相守，已经胜却人间无数美景。

　　生活需要这样的时间，只有两个人时彼此之间的相处纯粹而平淡。当邮轮到达巴黎之后顾维钧带着严幼韵在柯瑞林酒店住了一个星期。两人结婚后的蜜月在巴黎度过，严幼韵熟悉的巴黎依然是曾经的风景，但这次心情下的巴黎却焕发了与以往不同的美丽。

　　这一次她不像初次到来时那样雀跃欣喜，也不像拖儿带女那般紧张操劳。反而是一种放松之后的释然，对于巴黎的美有了更深刻的认知。静心看着巴黎广场上的鸽子还有来来往往喂鸽子的人，人们舒适而休闲，似乎每个人的眼眸之中都藏着一段故事。

在塞纳河边看着游人来往如织，行色匆匆有之，自在怡然。高跟鞋，黑丝袜还有轻淡妆容的法国女人行走之间若有若无的香气翩然而至。这就是巴黎，这就是独属于巴黎女人的优雅和从容。那些深目高鼻，眼眸湛蓝的男人们，绅士风度于细节之处尽显。在这样的街头看见的，听见的，想到的都是舒适与安然。看着身边陪伴的人，两人华发已生，看在他人眼里也是一对神仙眷属。人生如此，夫复何求！

这一次顾维钧放慢了脚步，两人像世间无数普通夫妻一般，行走，扶持，依偎。人生已到暮年再也不会有年轻时的冲动和稚嫩，容颜已老时多了份静水流深的情谊，多一份与生活和解的淡然。

两相对望，一切都在无言中。这样的日子过得很慢，每一刻悠然如广场上啄食的鸽子，走走停停，日光微斜。愉快地度过一个星期后两人前往海牙，顾维钧要在那里工作，而严幼韵则要去看看两人在海牙的新家。

海牙，是荷兰第三大城市，南荷兰省省会。荷兰王室、国际联盟和国际法庭都在这里，这里面积很小，建筑朴实而优美，给人一种小镇的感觉。生活节奏悠闲，氛围安心而舒适，似乎还过着日出而作，日落而息的生活，所以这里又被叫作"欧洲最大的村庄"。

整洁而明亮的建筑，条理分明的街道，图书馆、博物馆和美术馆一个不少，文化氛围很浓。闲适的午后一起去看看博物馆里的收藏，一起观赏美术馆的艺术展，或者在图书馆借一本书一泡就是一个下午。这样的生活很惬意。顾维钧喜欢这里，他相信妻子也会喜欢这里。果不其然，一熟悉这里后严幼韵也很喜欢。

顾维钧因为工作关系和法官们都住在了维特布鲁格酒店，酒店设施齐备，舒适自在，顾维钧从前一直都是住在这里。国际法庭每年在春天和秋天的时候开庭，这也就意味着每年会有两期，每期三个月的工作时间。

顾维钧工作时，严幼韵不愿意一个人待在酒店里，于是便出去找房子想给两个人一个家。找房子这个事情，严幼韵已经做了很多次，这一次运气很好，法庭的记录员退休了，于是接下了他的房子开始重新装修。除此之外严幼韵还要处理掉自己在埃尔多拉多公寓的租约，赴海牙时这房子就交由吴妈在看管。

吴妈也并不闲，甚至比严幼韵在的时候还忙一些。吴妈已经是一个朋友圈子里有名的大厨了，很多朋友都拜托吴妈帮忙准备晚宴的饭菜。严幼韵给蕾孟写信，说吴妈年纪也大了，让她有空多去看看吴妈，照顾照顾吴妈。

回信里蕾孟总不忘记汇报吴妈的近况，提到他们在美国的日子如何。蕾孟总是欢天喜地地说着生活里的各种趣事，还有吴妈做的丰盛饭菜。吴妈心疼蕾孟夫妻每天忙工作，怕他们连饭都吃不好，一日三餐都做得异常美味。

两地书信往来间，转眼就到了6月休庭期。顾维钧不需要每天上班了，严幼韵趁这段时间赶回了纽约为茜恩和骥千准备婚礼。亲眼见到女儿结婚，严幼韵依然是浓浓的不舍。不知不觉孩子就长这么大了，将与另一个人共走人生路，从此她的欢笑与泪水都会与另一个人分享。在严幼韵心里那个穿着木拖鞋飞奔的小姑娘一转眼已经是别人的妻子了。

茜恩和骥千的婚礼盛大，蜜月却很狼狈。因为度假时遭遇了飓风，就匆忙赶回到纽约，没想到飓风也跟到了纽约。等到蜜月结束，两人也只能是在倾盆大雨里收拾行李回家。年轻人倒是乐观得很，就这样还是笑嘻嘻地互相打闹，认为他们拥有一个非常特别的蜜月。

严幼韵把埃尔多拉多公寓的物品一次性全部打包完毕，之后结算租约，带着吴妈一起飞赴荷兰。在荷兰海牙这套新租下来的两层小楼十分舒适，宽敞温馨。整齐而简洁的装修以及附带的小花园装扮得整栋小楼房春意盎然，美丽恬淡。

也许人这一生到最后就是要找到这样一栋小房子，只为这一世的安宁和自在。白发苍颜扶着花园里的摇椅，身边是娇艳的花朵，耳畔是不住的鸟鸣，蓝天湛蓝，一切往事都随风而逝，只余此刻岁月静好，现世安稳。

严幼韵找到的就是这样的一栋房子，里面住着一对普通的夫妻过着世俗的生活。严幼韵对顾维钧的要求就是要让他吃好喝好，调节膳食，要求讲究养生和作息规律。吴妈把严幼韵要求的这一点执行得非常到位。吴妈这位大厨可不是白当的，她非常不喜欢酒店的饭菜，每天赶到还在装修的新家厨房里做好菜之后，再送到宾馆里用餐。这样一来，即使他们还是暂住在维特布鲁格酒店，但是依然可以享用到吴妈的大餐。

另一方面严幼韵按着自己的思路，依着顾维钧的生活习惯，请了一个勤杂工和一个荷兰女仆，勤杂工帮助他们处理家里的琐事，荷兰女仆是近身服务。在选择女仆时，严幼韵很是花费了一番心思。担心荷兰当地人与中国人的生活习惯不同。在找到女仆弗朗西斯科之前，她已经面试了很多人。依然不满意，最后还是朋友推荐下才找到弗朗西斯科。

找人重新粉刷房子，修葺花园，严幼韵和顾维钧都喜欢简单大方的装修风格。所以这一次的粉刷结合了两个人的意见，不论是颜色还是样式都是他们喜欢的样子。尤其是壁纸，每个房间都各有不同，房间整体看起来又有了统一的风格，好看且处处透着从容和大气。花园的修葺则是按照严幼韵的喜好来，井井有条，各色花卉四季都有开放，错落有致地布置在花园的各处。

在纽约时顾维钧就喜欢散步，每天清晨都要到中央公园的小路上散会儿步，为自己的大脑放松一下。而严幼韵喜欢在傍晚时分边走边散心，落日余晖，再加上赏心悦目的美景，一路走来心旷神怡。严幼韵把在纽约中央公园散步的习惯也完美复制到了海牙的家里，花园的小径连接着外面一条整齐的马路，一路花香一路散步。这样一来，一个温馨的家很快就要建成了。

此时，从纽约运抵海牙的三个集装箱带着他们在纽约的所有生活物品，漂洋过海地来到了海牙。顾维钧负责清点行李，总共二百八十件行李清点无误后，再安排工人搬运回家里。工人们效率很高，三大集装箱行李没到半天时间就全部放置妥当。看着逐渐充实起来的家，严幼韵心情非常好。顾维钧更是开心，他当法官的这些年，一直都是住酒店，从来没有也不会去找一所房子自己住。因为妻子长年分居的缘故，顾维钧都快忘记什么是家的感觉了。

此刻站在花园里面朝着这样一栋小楼房，顾维钧再次找到了家的感觉。家并不需要多宽敞，也不需要多精致，更不需要多奢侈。家只是喜欢的人和喜欢的事物放在一起，喜欢的人，也就是在家里会等你工作完之后回家的这个人。而喜欢的事物，则有太多太多。它可以是从小就带着的纪念品，也可以是成长过程中值得铭记的信物，还可以是看中的家具，喜欢的茶具等。这些集合在一起，才能叫一个家。

　　从维特布鲁特酒店搬到新家，顾维钧甚至有一种回家的错觉。像是从酒店回到自己的家，归心似箭。家是不同于酒店的存在，家里有自己喜欢的东西，每件东西都有一段故事，这些故事组成了一个个温馨又甜蜜的家庭。不同于酒店的整齐和刻意，家里舒适而放松，所有的物件都放在最舒服的地方，不需要奢华高贵，平凡舒适就是家的味道。

　　搬家之后的第二天晚上，顾维钧与严幼韵在家里招待了住在海牙的老朋友，吴妈的手艺再次震惊四座，宾主尽欢。这一次活动之后，在海牙的交往完全展开。每天都是一样的平静，一样的舒适。日子总感觉过得很快，法庭同事间的交往轻松而畅快。严幼韵很有心，一到海牙之后，她便去拜访了所有在海牙的国际法官夫人。夫人们没过几天，也纷纷回访。

　　夫人们之间的交往不像同事之间的交往那样正式，严幼韵会让吴妈提前备好下午茶，相互聊天，互通有无。比如说严幼韵去逛街时就很喜欢和巴达维夫人一起去跳蚤市场，巴达维夫人是国际法院另一位法官的夫人。这位夫人和严幼韵很是投契，两人总是一起去市中心购物，生活与工作也开始自然而然地融为一体。

　　每天顾维钧都会步行去上班。喜欢步行的他，相信步行有益身体健康，并且尽可能多步行。到了中午顾维钧会走回来吃午饭。严幼韵会在家里等着顾维钧回来，默默落座，只需要一个眼神，一个简单的动作，一切就有了默契。午饭之后休息片刻，顾维钧再走回去上班，晚上再步行回来。顾维钧的身体状况很不错，哪怕是根本没有什么休息时间也总是精神抖擞。他的办公桌上永远是满满当当的文件，但他依然能保持极高的效率和水准。这样的工作态度甚至让同事都惊呼："为何不见你休息，为何每天能处理这么多事务？除了上班就是回家，难道没有自己的业余爱好吗？"
而这一切都得益于顾维钧良好的作息习惯。

严幼韵与顾维钧待在家里的时间非常多，两人黏在一块儿，
吃饭，散步，聊天，看书。两人喜欢待在家里，如果不是官方的
活动他们几乎不会出门，只愿意在家里，细品一杯咖啡，留恋一
段幸福时光。严幼韵本身的性格坚强，做事果断，但一到婚姻里
却也有了小女人的一面。因为海牙潮湿的天气，严幼韵得了关节
炎，治疗时荷兰医生用了激素，这样一来严幼韵的脸变成了胖乎
乎的圆饼脸。

女人，哪怕年纪再大也是非常注意形象问题的。虽然顾维钧
一再说严幼韵美丽依旧，甚至还给她买了玫瑰花安慰她，但严幼
韵还是打着保持身体健康的旗号给自己找了一个同伴一起锻炼，
就是想早点把圆饼脸减下去。

到了休假的时候，顾维钧就和严幼韵一起去度假。有一次雪
兰和薛杰邀请他们一起去奥地利的基兹布赫滑雪。严幼韵和顾维
钧在此之前并没有滑过雪，但是维钧看着雪兰他们每天滑雪也不
由得心动了。在一次散步回来之后，顾维钧直接就买了两件滑雪
衫回来，和妻子一人一件。严幼韵惊讶之后扑哧笑了出来，暗暗
说道自己怎么没想着去学滑雪。一拍即合，两个加起来一百多岁
的老人开始就跟着教练学滑雪了。

初学滑雪掌握不了平衡，严幼韵一会儿就摔倒，才爬起来一个
转身又是一跤。顾维钧平衡还不错，可惜方向控制得不好，哧溜滑
出去直接就冲向稀疏的栅栏，严幼韵的心都提到嗓子眼了，这撞上
栅栏真不知道会出什么事。但说什么都晚了，一行人只能眼睁睁看
着顾维钧以迅雷不及掩耳的速度冲向栅栏。大力之下，脆弱的栅栏

直接就飞了出去，顾维钧倒是安然无恙地慢慢减下了速度。

严幼韵一惊之下，心放了下来，又开始想笑。估计考虑到初学者的情况，所以滑雪场的栅栏都是稀疏而简单，一撞就飞，完全保证了滑雪者的安全。顾维钧倒是蛮镇定的，挺利索地爬起来，拍拍雪就回过神来了。应该是教练之前就和他讲过这个问题，所以他还一脸淡定地转身过来向着远处的严幼韵比着"胜利"的手势。这一来，严幼韵彻底崩不住笑了，都成这样了还"胜利"个什么呢。

身虽老，心犹自年轻，摔个几次之后两人居然有模有样地开始滑雪了。这两个人加起来的岁数都超过一百多了，这样的状态让雪兰他们不由自主生出一股钦佩之情。没有年纪只有心态，有一颗年轻的心一切都有可能。看着再婚之后幸福的妈妈，雪兰心中感慨又欣慰，人人都觉得母亲幸福又强大，但作为女儿，她何尝不知道母亲这一路走来吃过的苦，摔过的跤。拥有这样年轻心态的妈妈，真是雪兰的好福气。

好消息不止这一个，茜恩写了家书回来说自己怀孕了。一家人又兴奋又开心，都在计划着什么时候去看望她。六个月后严幼韵把海牙这边的事情安排好，叮咛吴妈照顾好顾维钧，自己赶到美国去看刚出生的第一个外孙女。此时严幼韵孙儿辈的孩子们已经逐渐出世，比如说雪兰与薛杰的长子薛兆一长得特别像雪兰，聪慧可爱又机灵。而蕾孟的孩子们都遗传了蕾孟那股朝气，生龙活虎精力旺盛。

时间过得很快，吴妈1963年退休了。她决定回到香港与自己的儿子一起生活，吴妈的儿子阿四在贝祖贻和蒋士云家工作。吴妈为严幼韵工作了快三十年了，不论是在战火纷飞的马尼拉，还是在纽约，或是欧洲，吴妈都陪伴在严幼韵左右。没有吴妈为她管着家里的事情，严幼韵不可能安心在联合国工作，更不可能在工作之余安心照料孩子们，严幼韵舍不得吴妈回去，但再多的不舍也只能化作一腔祝福。严幼韵帮吴妈把她所有的东西都安排妥当了。吴妈收集了很多孩子们小时候的衣服，她想把这些都拿去。这样一来，吴妈的行李就非常多了。勤俭惯了的吴妈，连那些包装纸和绳子都一一细心打包，全部要带走。

严幼韵一直关注着吴妈的动向，吴妈回到香港之后的日子很舒适，她先是给自己的儿媳在乡下盖了一所大房子，每天过着孙儿绕膝的美好生活。

第七章

温暖岁月·

生命里的每一天都是最好的

家庭，心底最暖的港湾

　　当维钧所在的国际法院休庭，她就和维钧一起去度假。如果是回到纽约，就找所酒店安顿下来。纽约朋友众多，酒店设施齐全，吴妈退休后新聘请的男仆福根照顾着他们的生活。朋友们会过来一起打麻将，一起聊天。酒店就在中央公园附近，维钧每天都会下楼散步。

　　还有几次休庭时俩夫妻一起去了台湾，顾维钧的儿子顾德昌在那里。台湾朋友也很多，停留相聚后再转去香港。有人说，人这一辈子，就是老伴老友老窝。老伴在侧，那就有一个知冷知热的人。老友在侧，那就有说不完的曾经，聊不尽的话题。老窝一个，熟悉的地方，熟悉的人，还有熟悉的老物件。件件透着亲切，每件家里的器具都有一个故事。

　　如果有了这三样，慢慢老去也是一件幸福的事情。不需要担心老去之后的人生无人照看，不需要担忧身边无朋友，寂寞无聊。对于顾维钧和严幼韵来说，这几样都有了，两人大半辈子的好人缘，让他们的暮年生活总是热热闹闹。

　　家人们的喜事连连也让严幼韵心里开阔。1964年4月，茜恩的第二个宝宝唐瑞英出生了。她的第一个宝宝芝瑛已经两岁了。瑞英出生之后，严幼韵过去探望，带着芝瑛一起睡。芝瑛很可爱，每天早上她都会先醒来。但只要看到外婆严幼韵没有醒，就静静地睁着眼睛看着外婆，不吵也不闹。所以有时候严幼韵会故意装睡，小芝瑛也不吵，依然是陪着外婆躺着。但只要是看见严幼韵睁开眼睛。小芝瑛便马上活力十足地跳起来。

在严幼韵的印象里，小芝瑛可爱得像个天使。有一次蕾孟带着她去海牙看外婆，芝瑛哪怕是一个人待在飞机上面也不闹，只是八个小时飞行时间里芝瑛都坚决不去卫生间，蕾孟急得没办法。好不容易等到飞机到达，蕾孟还没出关就隔着栅栏把芝瑛递给了严幼韵，让她赶紧带着芝瑛先去上卫生间。之后，这件事几乎瞬间传遍朋友圈，人人都佩服这孩子，意志力太强了。

严幼韵发现芝瑛耐性好，很听话。无论是带着她去儿童乐园，还是带着她去服装店，芝瑛都是乖乖的，睁着大眼睛看着严幼韵说话，间或问几句话。严幼韵接过芝瑛后就不舍得放开手，一直抱着。她和芝瑛很投契，抱着她严幼韵觉得自己都年轻了几岁。

到了九月，茜恩带着瑞瑛也过来了，严幼韵听雪兰说过茜恩精力充沛，可以带着两个孩子坐着地铁一路逛街一路玩。孩子们虽然多了，但女儿们都很能干，不需要严幼韵劳累。严幼韵专程带着家人们组织了一次午夜太阳观赏旅行。

世界之大，无奇不有，哥本哈根的午夜太阳世界有，昼夜颠倒晨昏交替间天地有大美而不言。相比于大千世界，人类太过渺小，能有幸生存于世已经是莫大的机缘。这一生严幼韵的内心有幸福更有欣慰。儿孙绕膝，同享天伦之乐，这样的生活已然十分满足。

孩子们都很孝顺，骝千和茜恩趁回香港唐家探亲的机会把两个孩子都带了过来。顾维钧和严幼韵很欢喜，他们很喜欢孩子，一听到芝瑛和瑞瑛能再陪他们过一段日子，两个老人像个孩子一样开心，早早地就把孩子们要用的东西全部买好了，从小床到零食，全都安排得妥妥当当。顾维钧对孩子的喜欢更是直接，他每天都和孩子的保姆阿妮塔带着两个孩子去席凡宁根海滩去玩，在那里挖沙子，踏浪。

两个小家伙很喜欢在那里追着浅浅的浪花跑，穿着小泳衣晒成了健康的肤色，每天吃完饭，就开始期待着她们的外公带他们出去玩。后来顾维钧的花样越来越多，居然愿意带着两个小家伙去那个海滩找当地人骑驴。芝瑛和瑞瑛很喜欢骑驴，每次都笑得咯咯，后面跟着一脸灿烂笑容的顾维钧，祖孙三人凝成了海滩上甜蜜的风景。

如果说还有什么不开心的事，那就是两个小家伙之间的争风吃醋。只要大人们抱起了芝瑛，小不点瑞瑛就会跑过来打人。哪怕小瑞瑛根本就够不到芝瑛，但还是瞪着眼睛，呀呀叫着要打芝瑛。

一遇到这种事情，大人们又好气又好笑，孩子真的是太可爱了。大人们装作生气的样子，不理小瑞瑛，打人是不对的，哪怕再小也不能平白无故打人。小不点瑞瑛一看这情况，就会特别乖巧地跑过来亲他们蹭他们，呀呀叫着要抱抱，可爱的小模样让人忍俊不禁，家里哄堂大笑。

带小女孩和小男孩的感觉完全不一样。兆一就是个例子，调皮捣蛋，没有一刻是安静的，每天家里总是鸡飞狗跳。顾维钧却很欣赏兆一这样的脾性，反而说兆一是小男子汉，勇敢又直率。顾维钧还会专门打电话让他们带孩子过来家里玩，人老了，都期待着孙儿们的陪伴。孩子们一到，外公顾维钧就变身为老顽童，带着他们四处去玩根本不知道疲倦。严幼韵也经常见到维钧的女儿女婿，儿子和家人也经常带着孩子来看望他们，房子里天天洋溢着快乐和幸福。家人相处很好，孩子聚在一起的时候海牙的这栋公寓里就像是一个快乐的儿童乐园，每天欢声笑语不断。

时间行进到1966年6月，潘振坤和郭华德抽了时间专门赶到海牙来看望他们。为了这次相聚，严幼韵计划了两周的旅程活动。可惜这一次顾维钧要处理国际法庭西南非洲的案子没办法随行，他让妻子好好去玩。本来严幼韵计划的是带着朋友们顺着莱茵河和多瑙河而下，一路看遍风景。可惜的是听了太多次《蓝色多瑙河》，到了多瑙河上行船才发现，原来多瑙河是灰色的，两岸的风景也没有料想的好看。

船在行走间各自聊起了孩子，严幼韵兴致勃勃地说起听话的孙女们，还有调皮捣蛋的孙子。比如说薛兆一，虽然调皮，但简直就一个活生生的广告小王子。所有听过的广告都能背出来，而且一路看到什么广告就能直接说出来，坐着车看见广告牌就能背出来广告内容，不论是绿箭牌口香糖还是埃索机油，一秒就能背出来。多瑙河上清风拂面，心里都是关于孩子们的温馨回忆，身边的老朋友们心意互通。虽然多瑙河的风景没有想象中完美，但心情却是美妙无比。

过了不久，严幼韵的朋友张嘉蕊到了欧洲，王定珍也很快就过来了。相约一起去看美术馆，一起去看阿姆斯特丹。老友常来，严幼韵家里的酒会也是经常召开。碰到孩子们和朋友们一起过来就相约一起去看马德罗丹，那是一个小人国，里面囊括了海牙所有的景象，妙趣横生，孩子们很喜欢去，大人们也是。朋友间来往不断，带来各种各样的消息。比如说董浩云就经常过来海牙，在他的航运版图里，荷兰是其中重要的一块。曾经在马尼拉对严幼韵有救命之恩的卓牟来现在也在董浩云的集团里任分公司总裁，老友相见，分外热情。际遇无常，在世间万千的人中相识相知，在千万年的时间里恰好相遇，不胜唏嘘的同时，也让人感慨人世无常，能够相遇已经是极大的福分。

顾维钧继续埋首于他的工作，严幼韵则是要飞回纽约开始找房子，买家具，安排各种琐碎事宜。对于海牙的一切，严幼韵并不留恋，如果没有亲友，这也只是一处舒适的工作地而已。也是在此时，雪兰的第二个孩子也要出生了。看到雪兰急吼吼地在信说因为孩子会提前两周出生所以家里手忙脚乱，严幼韵又着急又好笑。

雪兰特别提到，如果妈妈能在她真的会轻松多了。她说她实在是学不会母亲严幼韵平静而高效的做事风格，所以才会这样手忙脚乱，逼得家里的管家玛丽亚要服镇静剂才能处理好事情。

三岁看到老，严幼韵因为雪兰的这句话，忽然又想起她们三个原来读书时候的事了，虽都是一个母亲所生性格却完全不同。其中雪兰就永远是那个风风火火急躁冒失的性格，每天早上上学都是匆匆忙忙，丢三落四。这些看似短板的缺点，在严幼韵眼里却并不重要。最大的缺点就是最大的优点，性格里没有绝对的好与坏，只要女儿们开心就好。性格各有不同，正如花开世间各有风韵。她只要女儿们活成自己的样子就好。

严幼韵的独立坚强，成就了她的一生，也让孩子们形成了同样坚韧的品格。

三个女儿一直让严幼韵引以为傲。严幼韵出生时还是一个男尊女卑的时代，女人们才华再高也只能禁锢在闺房之中，在家从父，出嫁从夫，夫死从子，一生寄生于家庭之中，不知独立为何物。在那个时代的人眼里，女人抛头露面并不光彩。好在后来风气放开，女子自由的空间稍稍放宽了些。

严幼韵是幸运的，开明的父母让她拥有了自由发展的空间。她这一生，与从上海出发，走过的路早已不可胜数，和她同年龄的人没有一个走得比她远。兜兜转转一辈子，转眼严幼韵这一路见过的人，看过的事，已成为回忆里隽永的风景。她用自己的生命记录下了中国百年历史兴衰，她的存在是女性意识觉醒的标志；她的人生是一本百折不挠，活出自我的教科书。

这样一个伟大而善良的女性，历史书上看不见，杂志小报上看不见。但历史书上的那些人，杂志小报上的那些先锋人物却又与严幼韵有着千丝万缕的联系。那些留存在历史书上的名字，那些曾经在中国近代史，中国抗战史上起过作用的人，都是她的朋友，她的亲人。

别的女人都是用夫人的名号成为历史的注记，严幼韵则是用自己的行动见证了联合国的成长壮大。作为妻子，她是最完美的外交官夫人；作为母亲，她一手养大的三个女儿各个成就非凡；作为严幼韵，她活出了自己最漂亮的样子。她这一生，事业成就斐然，家庭美满和谐。越是传奇的人，越是平易近人，像丰收的麦穗谦逊而有礼。

来自女王的晚宴

　　亲友众多的顾维钧和严幼韵业余生活非常丰富。1966年，台湾"中央银行"副行长李翰博士在结束世界银行年会之后，应总统秘书长张群之邀，邀请顾维钧参选国际法庭竞选。不久之后，张群先生也过来了，他极力邀请顾维钧竞选。但是此时的顾维钧年事已高，已然78岁的他一旦竞选上任之后，将要面对的是长达九年的任期。思及此，顾维钧放弃了这次竞选。

　　离乡千里之遥，哪怕再风光也是别人的故乡。来往的终究是曾经的老友。来自同一个地方，有同一种语言，有同一种心灵相契。而这些是游子们走再远也离不开的乡愁情结，也是远隔重洋也割舍不断的牵挂。在海牙，严幼韵和顾维钧更多的时间是用来散步聊天。

　　除去亲友们的拜访时间以外，两人很少出门参加活动。依然还是从前那个外交圈，法官们相互宴请，外交官们互为探望。而在这样的时光里，维钧的退休也很快提上日程了。早在1966年，严幼韵就把海牙的房子退掉了。虽然第二年才会退休，但是她已经开始着手安排回纽约的事宜了。

　　不久他们接到了女王宴会的邀请，邀请来自于荷兰王室每年为这些居住在海牙的国际法庭法官们举办的晚宴。

在严幼韵和顾维钧心里，荷兰海牙实际上还是一个较为封闭的国家。对于他们这些外交官和法官来说，并没有太多的机会去荷兰人家里去做客，更何况是女王的邀请。

荷兰王室平易近人，严幼韵经常在很多场合看见荷兰王室的成员。比如说在路上看见伯恩哈特亲王骑自行车，在商店购物之时看见王室公主们选购商品都是常见的事情。但只有在王室晚宴上，严幼韵才真正有机会看见荷兰王室的日常。不过有一个小细节，在海牙，严幼韵只用自己的中文名幼韵，并不提及自己的英文名朱莉安娜。因为很巧，女王的名字正是朱莉安娜。

女王的宴请让顾维钧印象很深刻。当时接到前往王宫赴宴的请柬后，里面的要求很是详尽，要求法官们佩戴领结和勋章，各自带上自己的夫人，夫人们要着长晚礼服。对于王宫的宴请，法官们很是重视。请柬上虽然写明要佩戴勋章，但是法院院长和顾维钧的意思依然是由法官们自行决定统一佩戴或者统一不佩戴。几经讨论之后，考虑到王室晚宴的权威，所有获得过勋章的法官们一致决定佩戴。

顾维钧回家之后告诉了严幼韵这个消息。严幼韵很兴奋，她在不同的场合见过王室成员，但却从来没有机会和王室成员共进晚餐。这次女王的宴请，对于她来说不失为增长见闻的好机会。严幼韵细致地打点着两人的服装和配饰。顾维钧长年担任法官，已经天生自带一股威仪。严幼韵总是笑盈盈的，两人站在一处很是登对温馨。

严幼韵依然把顾维钧从里到外收拾了一番，两人相互检查，不愿出现任何失礼的地方。还未到晚上严幼韵已经把家里的事情打点妥当，等待着王宫的车辆来接。请柬上写明的晚宴时间是晚上八点。提前做好准备是严幼韵的做事风格。七点四十分准时被接送到王宫门口，顾维钧带着严幼韵来到了王宫中央大厅里，女王的家人们已然在恭候。风度翩翩的王子与端庄典雅的公主一一在列。在这样的场合里微笑致意就可以了。可惜的是没有人将他们介绍给各位王室成员。虽然在工作中，有些荷兰王室成员顾维钧已经认识了，但是今天到场的成员里还是有很多不认识的。

华美的宫殿，精致的装潢，再加上彬彬有礼的王室成员，一切都如此让人心生愉悦。王宫大臣的夫人告诉严幼韵，其实她之前也没有来过这里。这一次能跟这些国际法官们一起过来，对她来讲也是难得的机会。在王室晚宴上，一切的顺序都是按照各人的资历来排的。在大厅里，大家排好队列等待女王与其丈夫伯恩哈特亲王驾临。女王很是亲和，伯恩哈特亲王笑容满面，两位与大家一一握手，表示欢迎之后，一路尾随便从中央大厅进入了奥兰治王子大厅用餐。

宽阔的大厅里处处显露着王室的威仪。里面摆着一个马蹄形的餐桌，上面罗列着华贵的餐具和娇艳的鲜花。严幼韵跟着顾维钧来到餐桌前。女王就座之后，国际法院的院长珀西·斯彭德爵士坐在了她的右侧，顾维钧作为副院长则在女王的左侧落座。严幼韵则跟着斯彭德夫人坐在女王对面的伯恩哈特亲王左右。

一时之间，衣香鬓影马蹄形的餐桌团团围坐了各位来宾。餐桌精美，女王的谈吐间随和而亲切，丝毫没有架子。女王的话题都是各人的近况，斯彭德爵士与女王交谈甚欢，两人谈论的样子就像是多年的好友。女王主动找严幼韵聊天，言语之间的亲切让严幼韵很快就与她有了共同的话题。

出席这次晚宴时，外面的舆论满是对艾琳公主将要与波旁王朝雨果王子成婚的指责，议会反对声极大，而且传闻艾琳公主与父母相处并不融洽。真正面对优雅端庄的女王之时，严幼韵发现女王并没有流露出一丝不好的情绪，反而自始至终都是微笑着。高贵的女王之所以让人敬重，也正因为这份淡然和大气。

严幼韵和女王谈论着大厅墙壁上的画作，谈论着这间大厅的故事，谈论着荷兰的风土，谈论着国际法院的工作事宜，还有种种在海牙生活的趣事。女王还特意和严幼韵说，她与亲王都非常喜欢中国艺术，那个神秘而古老的国度对他们来说很有吸引力。在这次晚宴上严幼韵第一次吃到了最为纯正的鱼子酱，回味悠长而淳厚，十分美味。

愉快的晚餐在觥筹交错中结束了，接下来，女王带着大家一起去中国厅参观。顾维钧发现，荷兰王室的气氛亲和随性自在，没有王室的刻板和琐碎细节。在女王的带领下，大家前往中国厅，参观荷兰王室收集的18世纪早期的中国刺绣作品。这些作品已经在荷兰王室中国厅悬挂了两百余年，在时光的漫长洗礼中，图案已经有些破旧，但依然能看出来当年的精美与华贵。这些中国地毯和窗帘的确非常珍贵，一看这些，严幼韵不由自主地就想起了远隔重洋的祖国。

亲王在女王的要求下，指出一些天花板上的题字，这全是中文句子。女王请严幼韵把这些中文句子用英语翻译过来，她的手里放着伯恩哈特亲王的弟弟利普对这些中文翻译出的英文句子。听严幼韵翻译一句，女王就对照手里的纸条看一句。每一句话之后，女王给出的回答都是正确。

看来，不仅是女王和伯恩哈特亲王喜欢中国，连他们的弟弟也成为了一句出色有汉学家，可以直接把这些翻译成英文了。严幼韵很高兴，毕竟越多人喜欢中国，代表着中国的国际地位越高。

只是她没想到的是，亲王弟弟的汉语水平也如此高超，这一点倒是出乎严幼韵意料之外。

随后，礼宾官护送女王到另一间房间里就座。在这里，女王将单独接见每一位宾客并进行谈话。这样的机会很珍贵，女王高贵典雅的谈吐与亲切随和的态度很有魅力，这些都让大家对女王的接见非常期待。

因为宾客众多，所以留给每个人的谈话时间并不多，但即便是这样，大家依然很高兴。女宾们则被安排到另一间房间与亲王等王室成员谈话聊天，房间的布置精致华美而不失温馨，严幼韵很喜欢谈话时的那杯咖啡和茶点。言笑晏晏，宾主尽欢，时间不知不觉已经到了晚上的十点五十五分，接见与会话都结束了。

女王到了要离开的时候了，宾客们依次排好队，一一与女王握手告别。短短两个多小时的相处，已经让大家对女王有了亲切感。这一次的握手相比于初见面时的拘谨，更多了份热情。晚宴虽然简单，但在回家的路上，严幼韵依然对女王陛下的风度与从容印象深厚。这一次愉快的会面也成为了严幼韵与顾维钧对海牙的亲切回忆。

一个人给予他人的态度的确会让人产生区别对待。有礼有节，处处体贴，这样的人自然能获得更多人的喜欢。女王陛下的风度在于能用亲切的风格赢得人们的爱戴。女王给严幼韵的感觉似是春风拂面，在回家的车上，她与顾维钧聊起这天的一切都深感荣幸。

让顾维钧倾慕的便是严幼韵这样的性格，永远有条不紊，永远风轻云淡。严幼韵的长处在于用自己的聪慧与善良，与他人一起度过愉悦的时光。独立的个性，高效的办事风格。以及总是笑脸迎人的态度，让严幼韵成为了很多人眼里的亲切典范。她似是一朵未曾经历风霜的花朵，对人世总有着寻常人难得的热情。也只有了解她的人才知道，这一路走来严幼韵经历了什么，失去了什么，挺住了什么。那些过往已不重要，未来已经敞开温柔的怀抱拥抱这位风华依旧的传奇女子。

纽约，最珍贵的幸福点滴

顾维钧的退休日期很快就到了。两人从海牙返回纽约，严幼韵为两人找到了一所位于中央公园大道的公寓。这一套公寓，房间大而宽阔，里面的家具大部分都是严幼韵在纽约重新置办的。顾维钧很喜欢严幼韵所置办的家具风格，他们在一起时间越久，两人的默契也越深。有时，往往一个眼神就已经了解了一切。

这一次，严幼韵和顾维钧商量着就在纽约城定居。选择在纽约是因为这里有很多的朋友，有儿女还有孙儿们。最重要的是，纽约城两人都已经熟悉，不需要太多的适应，他们就可以直接融入这里的生活，再也不用面对四处搬家的生活了。

严幼韵的这一生，也不知道住过多少临时住所，收拾过多少租来的公寓，更不知道认识了全世界多少个房东。接下来的岁月里，严幼韵想和顾维钧好好在纽约度过。

雪兰和茜恩为住在纽约的严幼韵和顾维钧拍了大量的照片，照片里的时光截取了人生的片段，凝成了不可复制的幸福回忆。在严幼韵与顾维钧两人的生活里严幼韵更像是一个大管家，全权管理着顾维钧所有的生活事宜。严幼韵是一位非常乐于照顾人的妻子，她的快乐就在于看着顾维钧一天比一天健康，看着顾维钧一天比一天快乐。当时的顾维钧已经退休，但是每天还要完成回忆录的叙述工作。

深爱的两个人待在一起互相照顾是能互相感应到的，顾维钧享受着妻子的照顾，而他的体贴与关心也让严幼韵每天都身心愉悦。顾维钧此时已经年近八十了，在严幼韵眼里，这样的年纪一定要活得滋润，要活得舒适。哪怕顾维钧此刻依然担任着台湾当局的资政，但依靠严幼韵的照料，顾维钧每天都是精神奕奕，不觉疲累。再加上哥伦比亚大学的口述史项目，顾维钧每天的时间依然安排得满满当当。

自 1958 年起，顾维钧每天都要花几个小时的时间为哥伦比亚大学的采访做准备。为了保证回忆口述的时候更精确，他要翻阅大量的资料与日记，查阅曾经的文件。如有需要，顾维钧还要给自己的同事写信或打电话，确认准确的时间与地点。

每周五天的工作日里，顾维钧有大半的时间都在为采访做准备。按哥伦比亚大学口述史小组的话来说，顾博士的回忆录其实就是史实，作为历史的见证者与参与者，顾博士嘴里的每一句话都值得记录在册。因为这份郑重，所以严幼韵在生活上更是细致入微，保证顾维钧不因为这些事情而影响身体状态。

顾维钧手臂上的伤一直没好。手臂上的伤是因为在韦尔小镇滑雪时摔伤的，当时伤到的是整个肩膀。由于顾维钧年事已高，当时为其看诊的医生都在担心顾维钧是否能完全康复。顾维钧却是一位乐观的人，他爱好锻炼，自律性极强。他听从医生的建议，每天坚持用手指沿着门逐步向上行，每天向上升一点点，每天手臂的活动范围都要大一点。也是在这样的情形下，顾维钧用自己的努力，慢慢地把手臂全部伸展开了。而这样长时间小剂量的锻炼确实也留下了印迹，现在门上面还有当时顾维钧锻炼时按在上面的记号。

顾维钧的性格与严幼韵有些不同，顾维钧非常喜欢锻炼，而严幼韵却不喜欢。而且顾维钧生活规律性很强，每天起床之后，要先喝上一杯柠檬水用作清理肠胃。接下来开始进行例行运动。从手臂到腿，从背部到全身都要运动到。

顾维钧的早餐是严幼韵每天重点交代的内容，雷打不动要有一个橙子或者半个葡萄柚，这些用于补充维生素 C。然后还要一碗浇着蜂蜜的谷物，可以是玉米片，也可以是谷物，用作补充膳食纤维。谷物早餐里，蜂蜜上面还要有香蕉和草莓。对于这一点，严幼韵一再强调一定要用当季最新鲜的水果，水果与蜂蜜之上再浇上奶油。

接下来则是鸡蛋，严幼韵深知顾维钧的习惯。所以这个鸡蛋应该是四分钟的白煮蛋，顾维钧喜欢吃凤爪或者鸭舌开胃，所以早餐里的肉类就由这两样担当了。顾维钧的早餐里还要有一个黄油牛角面包，再加上一杯十二盎司的咖啡，咖啡要有蜂蜜和奶油。顾维钧早餐的丰盛已经出了名，他也习惯在锻炼之后，阅读《纽约时报》。稍事休息之后开始用早餐。一般在这个时候，采访顾维钧的学者也到了家里。对于顾博士这顿早餐，也在日后成了他们写在传记书里的必选内容。

顾维钧吃早餐时，严幼韵都会在旁边陪着，看点邮件，打打电话联系亲友寻问近况。顾维钧的早餐要持续很长时间。换句话来说，顾博士这个早餐实际上就是他的正餐。严幼韵会陪着他慢慢吃完，但自己完全不吃。

这两位也很有意思，顾维钧把早餐当正餐，严幼韵却从来不吃早餐，更没有吃早餐的习惯。但是慢条斯理的顾维钧在吃早餐时，严幼韵都会陪在左右。顾维钧谨记医生的叮嘱，每一口饭都要嚼满二十八下再下咽。严幼韵很开心能有一个如此重视健康养生的丈夫。

两人的相处非常有趣，顾维钧牢记着医生交代的各种养生习惯，但是严幼韵却完全是凭心而行。比如说，顾维钧一直牢记着视力锻炼方法，坚持每天做眼保健操。严幼韵有时看着顾维钧一脸正经地做着眼保健操就想笑，但再一看这么大年纪了每天早上看报纸都不需要眼镜，这些话又觉得说不出口了。

平静而简单的生活里，是两人相依相爱的朴素心肠。顾维钧用餐时看完报纸会看会儿电视，他喜欢看的是一部中国电影《香妃》。这部电影拍得很长，满满全是中国风味，看完之后再重头看起，从不厌倦。因为这个，严幼韵也跟着把这部电影看了许多遍，情节都可以背下来了，但顾维钧还是乐此不疲。

在了解到顾维钧的生活习惯之后，后来哥伦比亚的教授学者们都会约在每天上午的十一点过来，这个时候顾维钧已经用过早餐了，于是几个人一起去书房开始采访与记录。采访一开始，便会持续几个小时，从上午十一点一直到下午两点，都被严幼韵列为安静时间，禁止有人去打扰。

这段时间，严幼韵会尽量安静地处理家里的事情，安排活动，或者约见亲友。采访结束之后，已经到了下午三四点。从书房出来的顾维钧开始雷打不动地散步，从中央公园走起，一直走三四公里。只是纽约城的治安不太好，当严幼韵知道顾维钧遇到两次打劫之后，便再也不允许他在公园周边的道路散步了。对于这件事情，顾维钧觉得自己处理得很好。当时他遇到抢劫时还准备跟他们讲道理，说同为有色人种，为何要在彼此之间使用暴力。

可惜这样的洗脑没有成功，顾维钧被推开了，眼镜也被打掉了。就在这个时候，顾维钧突然指指马路对面说，看，那里有一辆警车。这句话一出来，那些人马上就跑掉了，顾维钧也赶紧回了家，向严幼韵讲述自己刚才的壮举。只可惜顾维钧的壮举在严幼韵看来根本就是冒险，自此之后顾维钧改在公园的人行道散步。散步之后回到家，不论家里有没有客人，顾维钧都是彬彬有礼，只用一点点东西就完成了晚餐。顾维钧的习惯已经形成了，他这时会回到书房，整理明天采访时要提到的资料和内容。

接下来的时光里，没有活动的话，严幼韵会陪着顾维钧聊天说话。到了夜里十一二点时，顾维钧回到自己的房间里，里面有严幼韵为他留好的一杯阿华田饮料和饼干。怕顾维钧忘记，严幼韵会预先为其在走廊里留一盏灯。这样，睡到夜里三、四点的顾维钧起来时，就会记起这里还有妻子严幼韵为其留下的点心。夜里用过这些点心之后，顾维钧便会把灯关掉。

再过不久，严幼韵夜里醒来时看见灯关了，也就明白顾维钧用过点心了。两人的默契已成，不需要多余的话语。让顾维钧满意的是，严幼韵会为他留出足够长的独处时间，供他自己阅读，思考，研究历史。

生命是一场注定没有退路的旅程，能遇到一个懂你的人是多么大的幸事。在遇见严幼韵之前，顾维钧的生活内容就是为了工作服务，在遇见严幼韵之后，他不仅健康活力，而且享受着天伦之乐。两人的相处之间爱意浓厚，顾维钧的性格越老越可爱，每次孩子们举行聚会派对，他都会兴致勃勃地参与。不论是咬苹果还是呼啦圈，他都笑嘻嘻地全程加入，爽朗的笑声成为孙辈们儿时记忆里的重头戏。

不仅如此，每到严幼韵生日，顾维钧必然会给她一份惊喜，手写的卡片上是我爱你，结婚纪念日上依然叫着严幼韵宝贝甜心，甚至家里的书桌上，都是放着顾维钧送给严幼韵的水晶小熊，上面刻着的是维钧爱幼韵。

爱意满满的顾维钧清楚地记得所有与严幼韵有关的日子，却老是叫错孙子们的名字。但是孙子们却非常喜欢这位外公。因为他太牛了，历史上写的那些事情，外公都能一一说出来，细节生动，如在眼前。在雪兰的幼子薛兆山的心里外公顾维钧就是一个伟大的人。经常给他讲第二次世界大战时自己和斯大林的事情。

让孙子们崇拜不已的则是自己的外公居然还见过伍德罗·威尔逊总统。随着兆山一天天长大，他发现原来这些常来外公家的朋友们也非常钦佩外公。甚至威尔逊总统还专门请了外公作为自己私人朋友出席他的婚礼。

对于这些小家伙们来说，慈祥而有趣的外公原来是一个大英雄人物。也要到很久之后，他们才会知道，这些人钦佩外公的原因就是因为顾维钧哪怕在压力重重的国际事务中，都会坚持原则，坚决反对德国把山东半岛的权益二轻局让给日本。作为民族的脊梁，他的坚持与努力不仅保住了中国领土的完整，也赢得了包括敌人在内的由衷钦佩。

的确如此，在人生的每个阶段里，总有一些不知对错的事情不知如何抉择。此刻只能坚守初心，压力再大也不要轻易屈服。对就是对，错就是错，坚持有时就是意味着一切。只有真正经得住考验的人，才能当得起他人的敬重与仰慕。这是一种做人的底气，更是一份需要世代传承的骨气。

很显然，顾维钧用自己的存在，向这些小家伙们展示了何为民族气节。而与外公在一起的外婆，总是慈祥又笑眯眯的外婆，却是外公眼里坚强而独立的女神。对于这些小家伙来说，光是认识了解自己的外公外婆已经足够他们得到享用一生的精神财富了。

直到 1973 年，口述史才得以完成。完成之日，哥伦比亚大学洛氏纪念图书馆专门为其举行了庆典。在典礼之上，顾维钧最先感谢的是自己的妻子严幼韵，如果没有她，他的晚年生活怎会如此自在安然，妻子的照顾让他身体一直保持最佳状态。虽然顾维钧生活习惯和严幼韵不尽相同，顾维钧非常喜欢的游泳和日光浴，严幼韵却一点兴趣也没有，但这并不妨碍他们两人相互陪伴。你在游泳，我就在岸边看书陪伴。你在晒太阳，我就在凉伞下喝着饮料等你。这样的婚姻与独立，让两人相处时毫无压力，在一起，变成了一件自然而然的幸福事。

有时间时顾维钧和严幼韵会商量着出去旅行。香港和台湾，远东都是他们最常选的目的地。人生走到这里，一切都是水到渠成，到哪里都是熟悉而亲切的笑脸，活一日便有一日的精彩，这便是对一个人一生最高的肯定与褒扬。

家人与幸福

住在纽约对于严幼韵来说是一个极其正确的决定。因为三个女儿都住在纽约周边，所以每到节假日，他们都会前来看望顾维钧和严幼韵。女儿们与女婿们事业有成，孩子们健康活泼，都会让两人满心欢喜。只要有空，顾维钧就会和严幼韵一起带着孩子们去度假旅行。这样的旅行一年一次或者一年多次，得看孩子们的时间能否调得过来。

茜恩和雪兰他们非常喜欢滑雪，每到圣诞节家人一起商量着去哪里度假时得票最高的永远是滑雪胜地科罗拉多州尔小镇。女儿女婿们欢呼雀跃，孙儿辈们更是喜欢滑雪场里打雪仗。好几个小萝卜头穿着小小的滑雪服，在父母的带领下，开始学着滑雪。每次都逗得顾维钧和严幼韵哈哈大笑。

好几年的圣诞节，全家人都是去滑雪，只有一年很不幸，除了严幼韵大人孩子们居然都得了流感。这时，又是严幼韵如定海神针一般妥善地安排各种事情，为每个人送去煮好的粥，给病人们送去好消化的面条。这个家庭很有趣，孩子们走得再远，在外面的成就再高，一遇到这样的事情，出来主持大局的永远都是严幼韵。当然，即使是在事业上遇到问题，孩子们第一时间想到的倾诉对象也依然是严幼韵。严幼韵在孩子们心里，总是平静而淡然地就把事情处理得漂漂亮亮，这份从容与镇定是他们最敬佩的地方。

不过也有例外。顾维钧就是这个例外。家人们第一次去韦尔小镇时，顾维钧坚持要喝酒，家人们觉得那里海拔高，如果再喝酒势必会增强酒力。但顾维钧的反应是不以为然，继续喝。甚至放出豪言：如果没有酒，那日子就失去了阳光。

看到这样的情况，严幼韵也不再劝。顾维钧乐了，自己乐哉乐哉地喝了半瓶酒，享受着微醺的状态。人人都不喝，就是担心醉酒，大家看着顾维钧笑呵呵地喝了半瓶也没作声。果不其然，顾维钧到了房间就睡了，帽子也没劲摘，大衣也没脱，醉倒在床上就睡着了！接下来的一天一夜里全部在昏睡。

孩子们心里偷着乐，这样的外公太可爱了。这样的事情还不止一次，也是在韦尔，顾维钧穿戴好一身，等着教练。可惜心太急的他，尝试着向附近一条河谷滑雪。技能实在一般的顾维钧没能控制好速度，眼看着速度降不下来，停也停不了，直接摔倒受了伤。严幼韵对这样的顾维钧真是无可奈何。

除了滑雪，顾维钧和严幼韵还喜欢去海边度假，在波多黎各的大海与沙滩里，顾维钧享受不已。到了晚上，就跑到赌场轮盘赌来实践他所谓的"战术"。

在薛兆一的记忆里，外公外婆带着一大家子去玩时，童心大起的顾维钧带着他就会跑去玩宾果游戏了，而且兆一运气真还挺好，第一轮就赢了一瓶朗姆酒。小萝卜头一样的兆一抱着一大瓶烈酒的样子让顾维钧乐得哈哈大笑。

在唐芝瑛的记忆里，有一年外公外婆带着他们去波多黎各度假，芝瑛和瑞瑛两人不太喜欢去海滩玩，于是天天在房间里玩枕头大战。

有一天严幼韵带着小芝瑛跟着顾维钧跑去了赌场。芝瑛拿着外婆给的美元筹码，押在了轮盘赌数字 16 上，谁知道最后竟然就赢了，并且是翻了 36 倍!

与家人的相聚快乐无比，在纽约的老朋友们也让他们晚年生活温暖如旧。王定珍和蒋士云都是严幼韵多年的好友。王定珍是严幼韵在沪江大学的同学，而且在严家住过几个月。蒋士云十八岁时就已经认识了严幼韵，几十年后两人也都成了老友。张嘉蕊也来了，施惠珍也来了，还有潘振坤和郭华德。朋友们一到，分外热闹。没过多久，曾在海牙聚过的卓牟来带着妻子和两个女儿也搬来了纽约。

此时的他们已经不在马尼拉了，战争已经过去了很久，那份恩情却从来没有忘记。严幼韵已然是过尽千帆之后的淡然，卓牟来更是成为了商界精英。在帮船舶大王董浩云建立商业帝国的同时，他也得以实现自己的人生价值，积累了足够财务自由的财富。老友们约定，每隔几个月便要聚餐一次，每到夏天，便互相去消夏别墅拜访。

他们走得最多的还是去严幼韵的公寓里办麻将派对，老友加牌友，其乐融融。老友们的孩子互通往来，每到节日，便凑起来办活动，寻找复活节彩蛋，过圣诞，过生日，过感恩节，活动不停丰富多彩。

时间倏忽而逝，转眼就到了 1978 年，在这一年里，顾维钧要过 90 大寿了。虽然每一年只要是顾维钧过生日，严幼韵都会费尽心思帮其筹划生日派对，但这一次九十大寿显然要更隆重。严幼韵一共为其举行了三次生日派对，第一次是家人聚会，相约一起在骝千与茜恩的公寓里举行晚宴。晚宴上，顾维钧的舞步依然轻松畅快，而严幼韵更是全程笑容满面。舞会热闹非凡，各处细节都体现出主人的精心准备。

第二次则是在哥伦比亚大学举办的京剧表演。因为顾维钧爱好京剧，所以这一次的表演全是严幼韵根据顾维钧的喜好选择出来的。顾维钧看得津津有味，连连点头。京剧就像是他的根，虽然走过千山万水，但是一听到故乡来的声音，一看到儿时熟悉的扮相，一切就像回到了最初青春年少的时光。严幼韵深知这一点，专程请来最优秀的戏曲班子果然也不负众望赢得了满堂彩。孙儿辈大都在纽约长大，看见这样纯粹的京剧表演，除了震惊，更多的是好奇和向往。在严幼韵的眼里，京剧的另一层意义也饱含在其中了。

第三次则是在万寿宫举行的晚宴。严幼韵组织，家人们各出节目，吃着喝着，看着笑着。席间顾维钧大儿媳表演的京剧最为抢眼。自从过了九十岁生日之后，后来每一年的生日，严幼韵都会为顾维钧大办特办。她是一个连蛋糕上花纹都会过问的人，事事安排妥当，处处都体现着一个妻子对丈夫的关怀。顾维钧知道严幼韵的心情，他也明白妻子早已经把自己的生日当成了每一年最盛大的节日。每一年的主题都不同，过来参加派对的人们会根据严幼韵订下的主题穿着和打扮。比如说九十一岁的寿宴派对上，严幼韵订下的主题便是迪斯科风格。

一身西装，衣冠楚楚的顾维钧面色红润，神采奕奕地与孩子们跳舞摇摆，而永远一身端庄旗袍的严幼韵则是穿梭往来，安排着宴会上的各项事宜。而在顾维钧九十二岁生日时，严幼韵定下的主题则是小狗派对。严幼韵花了大量的时间，请来各种品种的小狗带到宴会上，训练有素的小狗乖巧可爱，每表演一个节目都收获了全场的欢呼。

孩子们看见小狗都乐开了花，顾维钧也笑得合不拢嘴。顾维钧九十三岁生日时，意想不到的是严幼韵居然给他来了一场肚皮舞表演。当肚皮舞娘亲吻顾维钧脸庞时，看着稍显尴尬的顾维钧，严幼韵笑到不能自抑。孩子们和宾客们也哄堂大笑，难得看见外公这样被外婆捉弄。顾维钧尴尬了几秒，忍不住也开怀大笑。

九十四岁时，严幼韵为顾维钧的生日寿宴请来了一位猪猪小姐。这可是纽约正当红的潮流猪小姐，在电视节目上到处可以看见头戴猪形头套，身材婀娜的猪小姐谈话或者唱歌。顾维钧没想到妻子居然把这位明星都请过来了，估计是每天早上看见自己盯着猪小姐的好笑节目一直在发笑吧。有妻如此，夫复何求。

九十五岁时，顾维钧在自己的生日宴会上见到了一只大猩猩，穿戴合理，举止文明，简直就是一个小人精。这只经过训练的大猩猩极其配合地和顾维钧互动，握手，甚至还聊天。妻子在侧，每天被精心照顾的生活让顾维钧越活越有滋味。但毕竟岁月不饶人，严幼韵越来越发现，顾维钧的记忆力直线下降。特别是在口述史项目结束之后，一向习惯了忙碌的顾维钧开始失去了生活的目标，变得有些不适应。因为正式退休，他的健忘也开始了。

为了顾维钧的身体健康，严幼韵为其开了一剂药方。召来在纽约的朋友们，来自己的公寓打麻将。不同于以往，现每周至少要玩三到四次，只为转移顾维钧的注意力，让他不要失去生活重心。少的时候公寓里有一桌麻将，多的时候有五桌麻将。

每天下午三点半开始，约来打麻将的朋友们陆续过来了，家里开始人来人往。用过茶水与点心之后，开始打麻将。到了饭点，严幼韵会安排人吃饭休息。严幼韵发现，在打麻将的时候顾维钧依然会神采飞扬，小玩笑随口就来。果不其然，每到晚上十一点麻将结束时，牌友们回家了，顾维钧就开始和严幼韵商量明天要请哪些人来打麻将，如此一来，顾维钧的生活总算是恢复了活力。

但是事情总是接二连三，一次，家里的管家福根昏了过去。这位患有严重糖尿病的福根马上被送到了医院，严幼韵放心不下福根，让孩子陪着顾维钧，自己跟着救护车一起到了医院。可惜福根在第二天还是不幸去世了。

自吴妈退休之后福根已经为严幼韵服务了十年，经常来往的朋友与家人都很熟悉他，一听到他的死讯，每个人心里都不是滋味。严幼韵为其举办了隆重的告别仪式。所有的孩子都赶过来了，朋友们也赶过来了，默默无言地看着福根被葬入了威斯特切斯特的芬克里夫墓园。

也许人一到老，就会面临太多的生离死别。如果自己身体健康，就会见证身边朋友们的逝去。福根走了，严幼韵开始另外找人。终于在1973年找到了穆怀明，他来到了美国，为严幼韵服务。一年之后，严幼韵让他把第二任妻子艾米也接到了美国。接着艾米怀孕了，1976年，艾米的女儿丽莎出世了。四年后，艾米成为了严幼韵的专职管家。在这里，严幼韵最感激的是丽莎的出生。

因为家里多了一个孩子，对于顾维钧和严幼韵来说这是天大的好事。他们比丽莎的父母更为兴奋，很早就开始期待孩子的到来。当艾米去茜恩家时，严幼韵就整天照顾丽莎，为她换尿布，喂她喝奶粉，哄她睡觉，给她唱摇篮曲。丽莎可爱又活泼，严幼韵和顾维钧一看到丽莎就满心欢喜，家里其乐融融。严幼韵很喜欢打扮丽莎，而顾维钧则喜欢带着小丽莎去散步。每年的生日派对上，丽莎奶声奶气的祝福，也总是让顾维钧开怀大笑。越老越顽皮的顾维钧还骑着丽莎的儿童三轮车一脸自然地合影。

在丽莎的心里，她自幼记忆起公公婆婆就非常爱她。有时公公生病了，丽莎也想陪着他。于是丽莎就会拿来一条小毯子，睡在公公顾维钧床边。她还记得有一次公公顾维钧外出散步了很久还没有回来，婆婆严幼韵在家等了很久，又担心又着急。等到快忍不住打报警电话时，公公顾维钧回来了。原来他一个人散步坐着公共汽车去了佩尼维索，给丽莎买了一只玩具小鸟，还配了一个可爱的小钱包。还有一次，公公顾维钧下午去散步，居然走了六公里路到了第五大道上的蒂芙尼店，专门给婆婆严幼韵买来了一个精致的蜜蜂形首饰盒。当然，婆婆严幼韵还是很生气，虽然那个首饰盒的确很漂亮。

可惜人生如一场终究会散的宴会，在一个打完麻将之后的夜晚，顾维钧和严幼韵在家里收拾清理，互相商量着明天请谁过来打麻将。谁知道严幼韵问了一句之后，却没有听到顾维钧的回答，过去一看，顾维钧微微带着笑，已经永远地睡熟了。

1985 年 11 月 14 日，顾维钧逝世了。

能成为夫妻需要多深厚的缘分呢，需要多少年的坚守才能一起走到白头，走到垂垂老矣之年。这份失去就像在严幼韵心里永远地挖了一个洞，这二十五年来，她以顾维钧为中心地活着，突然的失去让她无法适应。甚至不知道接下来的日子里自己还要忙活些什么，儿女们已经不需要她的照拂了，甚至顾维钧也离去了。可是一想到二十五年来，顾维钧在自己的照顾下，每天活得开心快乐，严幼韵的心里却又多了一份欣慰，能让自己爱的人幸福二十五年，这样的缘分已然足够。

人与人的区别，就在于是否能安然接受命运的安排。不念过往，不惧未来。只活在当下，努力活好每一天。严幼韵的能力在于，不论是在何种环境下，她都能保持独立，又不丧失女性的温柔与母性的光辉。

在现在的人们看来，仿佛一个女人只要足够有能力，就必然是坚硬的。严幼韵的人生却告诉我们一个独立而坚强的女人，一样可以有幸福的婚姻，一样可以有可爱的儿女，一样可以有完满的人生。因为独立从来与家庭共生，坚强从来与幸福同在。

触摸死亡，迎接新生

因为顾维钧的离去，严幼韵静静地想了很多。转眼间已经是2016年，她已经是一百一十岁了。从来不讲究养生和长命百岁的她，一不小心就活成了一位老寿星。她把每一天都视为上帝的馈赠，虽然不知道上帝何时会收回，但她也会努力过好每一天。因为年纪大了，严幼韵的耳朵早已不再灵敏，眼神也开始昏花。但她自认身体还不错，头脑也还非常清楚。

每次在美发店看见那些老人们，拄着拐杖，坐着轮椅。甚至有些比严幼韵小几十岁，这时的她，不禁感慨上苍的宽容。因为此时的她依然可以穿着高跟鞋走动，依然做着头发，独立清醒地过着自己的日子而不需要拖累他人。

回顾过去的时光，在过去的四十年岁月里，与家人相处的日子凝成了最为宝贵的回忆。每年与家人度假的日子留下的照片，成为了严幼韵最爱看的东西。曾经家庭旅游时都走得很远，不论是加勒比还是科罗拉多州都是说去就去。但是现在的严幼韵却愿意留在原地了，如果我要过生日了，大家一起来我的公寓庆祝吧。

孙辈们早已经成才，只要一到外婆的生日，住在美国西海岸的孩子们就都会回来看望庆祝。家里公寓也总有人往来，打开门，见到的多是世界各地的朋友们，见一次少一次，人间的缘分到老来就是如此珍贵。当所有的年轻人丝毫不在意每一天日子的流逝时，只有老人们才会感恩每天能看到太阳升起。严幼韵把自己的生活照料得很好，她用过去照料女儿，照料顾维钧的心态来照料自己。公寓是她喜欢的样子，自从1967年搬进来时，这里的布置和装饰都是选用严幼韵最喜欢的样子。生活，就是融入喜欢的人与事之中。

已经习惯了纽约城中央公园里喧闹的生活，每天早晨起来之时，听着窗外孩子们去上学的声音，看着蹦跳着青春无限的孩子们，站在窗口的严幼韵内心是幸福的。良好的晚年生活，得益于严幼韵的管家们。艾米能干又勤快，厨师技术了得。当然，对于头脑清醒的严幼韵来说，无论是什么样的厨子，只要招进来之后三个月，她就有信心把他们调教成为厨艺高手。麻将派对也没有停，家里依然热热闹闹。待在纽约的孩子们每个月都会来这里探望外婆，喝个茶，吃个饭，陪外婆聊聊天。

本以为生活就这样安然度过不需要儿女们费心，但没想到的是，人活得久了，很多悲痛却躲不了了。1992年，茜恩因为大肠癌去世了。早在1991年确诊后，乐观的她就已经与病魔斗争了一年。虽然家人们都认为她会赢得最终的胜利，最后却得到了她去世的消息。茜恩是不幸的，同时也是幸福的。骦千自她确诊以来，所有的时间都扑在了妻子身上。为茜恩找大夫，为茜恩找医院，如果找不到方法就找缓解的办法。寸步不离茜恩身边的骦千，连自己的公司都不再管理，只愿意陪着茜恩。医院没有陪住的条件，骦千就坐在病床的椅子上一坐就是好几夜，不论希望多小，地方多远，都带着茜恩去寻找可能救命的方子。

茜恩的逝去让严幼韵受到很大的打击。在茜恩的葬礼上，严幼韵的回答却是：她活着的每一天，都非常快乐。

闻者无不伤心落泪，一位母亲，白发人送黑发人，却达观至此。是啊，如果活在世间的每一天都快乐无比，那何惧生命苦短？人生需要这样的达观，更需要这样的气度。短短的一生里，茜恩活得丰富而自由。丈夫爱她，孩子们爱她，快乐得像只小鸟一样的她，更是组织家人们旅行活动的一把好手。有她在的地方，总是充满了欢声笑语，哪怕是在最后一刻，她的家人，她的亲人都陪在她的身边。这样的人生虽然遗憾结束，但却是真心快乐。

2003 年的严幼韵被诊断出了大肠癌。当时的严幼韵已经失去了治疗的心，此时已经九十八岁了，她觉得自己活得已经太久了，事事打点好后竟然开始安心等死。孩子们奔波劝慰，四处找医生。只可惜严幼韵根本不为所动，甚至连肠镜确诊都不愿意做。蕾孟带着母亲严幼韵去看了很多医生，但是一听到医生说必须要动手术，严幼韵就拒绝再听下去。她不愿意动手术，已经九十八岁的她，宁愿等死也不愿意动手术。

让蕾孟心碎的是，严幼韵自己找到了一位有资格实施安乐死的医生，她决定自己给自己的人生一个圆满的句号。医生在了解了这一切之后，她的请求被医生坚决拒绝了，反而帮着儿女们一起劝说严幼韵接受治疗，积极面对。因为请求被拒绝，再加上医生的劝说，严幼韵这时才让步接受肠镜检查。走到检查室门口，医生们都吃了一惊，难道这位穿着高跟鞋的太太就是那位九十八岁的老太太吗？

检查结果出来后，幸运地认识了一位有才华的医生。他是严幼韵的外孙薛兆山的同学的父亲，是权威的外科手术医生。几经商量之后，在西奈山医院里，严幼韵接受了手术，五天后出院。

对于整个手术与住院休养的过程，一直陪伴着的蕾孟、丽莎还有几位管家寸步不离。要求医生尽最大可能要让严幼韵舒服一点。

出院时，严幼韵只告诉了孩子们一句话，"出院时护士撕掉注射器胶布时最痛"。儿女们这才放心，原来这位医生考虑到了严幼韵的年纪，没有使用鼻胃管，止疼药用得也非常到位，最大程度地保护了严幼韵的身体。为了表示，几个月之后严幼韵的九十八岁寿宴上，严幼韵邀请了这位医生共舞以示感谢。

人无百岁寿，常怀千岁忧。当严幼韵步入九十岁之后，她也会有惧怕，但她的惧怕却是一种对生命的迎难而上，她选择得体地告别，一生讲究的她不愿在生命的终点难看半分。但人生如种树，前半辈子种下的因，会在后半辈子收获相应的果。

庞大的家庭，满满的幸福

其实在严幼韵过了九十岁生日之后，孩子们也像当初的她一样，为之后的她办的生日派对越来越隆重。而且隆重的程度与她的岁数成正比，岁数越大，每年的生日派对越精美华贵。每年的生日宴会上，蕾孟、雪兰和骊千都会邀请朋友们过来为严幼韵过生日，只要接到请柬的宾客们哪怕相隔万里，也会及时赶来。这一天，欧洲的，香港的，台湾的朋友们都会汇聚一堂，甚至连家中佣人和他们的孩子们都会千方百计赶过来。

人说老病有孤舟，但严幼韵的老去却似一枝越来越艳的花朵，在所有同年纪的朋友们都辞世之后，她依然能在生日宴会上见到热烈的笑脸。老友已去，新友再来。严幼韵的身边总是热闹非凡，而对于这一切，雪兰却有见地。母亲严幼韵是一位具有非常体贴的性格。

有一次，雪兰为妈妈在酒店办完舞会之后，第二天专门请了严幼韵的牌友在万寿宫举行派对。为了活跃气氛，雪兰请来了朋友田浩江。作为男低音歌唱家，田浩江在宴会上的表现让全场掌声雷动。

第二天严幼韵把雪兰叫到身边，让她向田浩江致谢。此时的雪兰在整整一周的派对之后身心极度疲惫，她说自己已经谢过了朋友田浩江。为了安抚妈妈，雪兰表示，自己会再送去一束花。

雪兰回答之后，严幼韵没有作答，但看神色并不开心。一看到母亲这样，雪兰又加了一句，说田浩江的太太现在不在家，也许不送花的话送点饭菜过去会更体贴。但是雪兰也只是这样一说而已，严幼韵听了之后没有再说话。

过了很久之后雪兰才从田浩江的嘴里知道。原来母亲严幼韵自己安排了管家送了饭菜过去。用田浩江的话来说，那天他因为回电话把正在煮的一锅汤全烧煳了，妻子不在家，他只能痛苦地看着烧煳的汤无法可施。而此时门铃居然响了，一打开门，迎面就是热气腾腾的一大碗鱼翅汤。田浩江那一瞬间几乎以为出现了神迹，原来这就是严幼韵打听之后专程让人送过去的，可想而知田浩江在那一瞬间有多爱严幼韵。

之后，田浩江的妻子回来了，听说这件事之后专程请了严幼韵去赴田浩江家有名的烤鸭宴，来往几次之后，田浩江的妻子英华与严幼韵结成了忘年交，定期约出来吃饭喝茶。雪兰自此对母亲严幼韵心服口服，也深刻地明白了，为何母亲如此高龄，老友全部逝世，家里却依然是高朋满座。

哪怕是老友逝世，严幼韵家里的麻将传统却依然维持着，少一位老朋友，就会有另一位朋友带一位新朋友过来，而每个到过严幼韵家里的客人都会喜欢上这里的气氛。也是在这样的情况下，严幼韵认识了更多的人，与朋友的朋友也成了好友。这与严幼韵的人格魅力是分不开的，更是严幼韵为人处世的必然结果。现在的严幼韵玩得好的都是与蕾孟、雪兰她们一般年纪的人，这些朋友们对高龄的严幼韵有一种近乎宠溺的好，有空就带着她去纽约新开的馆子吃饭，送花送礼物活动不断。

　　一个人面对世界的脸色如何，那么世界面对她的脸色也会一样。喜爱交朋友是严幼韵的性格，而怎么与朋友结交则是她的长处。体贴而慷慨，热情而体贴的她，哪怕白发苍苍，依然是那位穿着高跟鞋的小公主，备受宠爱与关照。人的独立与坚强，并不代表不能被疼爱和宠溺，严幼韵的人生便是鲜明的例证。

持守优雅，乐观人生

转眼之间，已然是严幼韵的百岁寿宴。

这一次，严幼韵给所有到来的宾客们念了一次自己亲手写的稿子。

"我从来没有做过演讲，但在百岁之时至少应该尝试一次。

对于我的长寿秘诀，大家都有自己的看法。事实上，答案就在房间里。拥有如此众多的朋友和家人我感到非常幸运，许多人都是克服种种不便来到这里的。

我很高兴每年有一次这样的机会使杨家和顾家的子孙也从世界各地团聚在这里。其实不止生日，一年中很多年轻朋友尽心照顾我、招待我。几个星期以来他们一直在庆祝着我的生日。

我只有一个秘密：乐观。不要纠结于往事，多花些时间思考如何创造更美好的未来。在我一生中，不管遇到何种困难，我总是认为会有人伸出援手，事实也的确如此。所以我要感谢在座的所有人，我的家人，顾家和杨家的子孙以及我的朋友们，你们从世界各地赶来，你们才是我长寿的秘诀。"

这是 2005 年 9 月 25 日在洛克菲勒中心顶层的彩虹厅百岁寿

宴上严幼韵发表的演讲。她的演讲朴实无华，却概括了她的一生。她出身于大户人家，从小见惯奢华和高贵。她像一颗明珠一般被父母亲捧着长大。

凭借一己之力，在纽约站稳了脚跟。她用自己挣来的钱，给了三个女儿灿烂的人生，给了自己一个坚实的物质基础。而这时爱情来了。她的爱情被儿女们祝福，被顾家的儿女们接纳。二十五年的婚姻里，每当他人问起顾维钧的长寿秘诀，他总会说一句：因为妻子的照顾。

白发苍苍的大女儿蕾孟与穿着高跟鞋的严幼韵站在台上，女儿为母亲拿着演讲稿，此刻宾客满座，在场的每一位都与严幼韵有着千丝万缕的联系。因为严幼韵的存在，严家的子孙们认识了杨家子孙，因为严幼韵的爱情，顾家的子孙与杨家的子孙相处融洽。

这是一个大智慧女人的一生，她的眼神也许不再明亮，她的身影也许早已经微驼，但她却是这两百多宾客的唯一关键枢纽。她的存在，让人不远万里奔赴她的生日宴会，只为她唱一首生日快乐歌。她的存在，让亲友好友团聚在一起，共同谋划生日节目，策划彩排练习，只为逗她一笑。

寿宴上，请柬和座位牌上印着的是严幼韵二十岁的容颜。那是一张在杂志上的照片，雍容华贵，自在典雅。而这位伊人，今天却逃过了时间的杀戮，为自己庆祝着百岁生日。宴会上的酒杯晶莹透亮，芳华吐蕊的花朵中，一幅幅全是从各位亲友处搜集来的严幼韵照片，有青涩如同一枚小杏的豆蔻年华，有端庄如同牡丹的成熟风貌，更多的是笑盈盈的她。战火纷飞里，她微笑着，抱紧了孩子。太平洋，印度洋，美国，欧洲，香港，台湾，她在各种背景里微笑。她去过那么多地方，看过那么多风景，直到今天的她也成了后人们仰望的风景。

每年的生日会里，伴着严幼韵出场的，永远都是蕾孟，雪兰和骊千。是的，茜恩不在了，但她的爱人却还在为她守护着她的母亲。这三位也早已经是白发满头，却依然笑盈盈地搀扶着严幼韵向各位宾客致敬。

她穿着高跟鞋和旗袍，描着眉毛轻施脂粉，涂着蔻丹的严幼韵一出场总能得到众人最真诚的掌声。欢迎生日宴会上，越来越麻烦的一件事情是吹蜡烛，严幼韵年岁越大，需要吹灭的蜡烛也就越多。有谁试过一次吹灭一百一十根蜡烛？当然，这也是一种甜蜜的幸福了。

老友还是有的，当年的十八岁的少女蒋士云如今也已经过百了，严幼韵兴高采烈地带着孩子们去她那里过生日。两人一见面，还能再多说什么呢，不过就是握着手，紧紧地握着手，也就足够代表一切言语了。

人生越是到后来，越是冷暖自知，越活得久越通透。每一天都是对生活的感恩，每一天都是上苍的眷顾。每一次呼吸，每一次心跳都是生命的荣幸。活得足够久才能体验到这样的情感，也只有活得足够长，才能看透这世间万象。

当一个人老了是何种感受？从当年的万人迷，到今天的垂垂老矣。当年追求过严幼韵的人早已经不在人世，当年遭遇的苦楚，当年痛惜过的人早已在时间的长河里失去了踪迹。那么曾经的执着，曾经的纠缠，曾经的失落与后悔，还会有意义吗？也是有的吧，没有曾经的点点滴滴，何来今天的自己？

见过了一个世纪的风云，近身接触的全是历史的最近距离。

何来遗憾？午夜梦回，天津日子里童年时光，大院里斑驳的树影，还有父亲音容笑貌都成为了过往亲切的回忆；天津去上海的火车上，雀跃而兴奋的少女心情；教会学校读书时的自在悠扬，少女心事如上海最好的那家面包店的甜蜜；严家大宅里大庭院的香味，草木繁盛的园林，还有母亲半夜为自己盖被子的温柔；去北京路上的那头倔毛驴，自己痛到几天下不了床的尴尬记忆；开着汽车时怡然自得的心情，学校里严厉古板的宿管老师紧迫盯人；在大学里的快乐回忆，还有同窗时光里的点滴心情；杨光洼的眼神，杨光洼的笑容，还有杨光洼带着立林跑去家里机灵应付孩子们的小手段；然后便是掺了蜜一般的生活，天南海北，远隔重洋，跨洋邮轮上吐到昏天暗地的记忆；蕾孟的出生，雪兰的出生，茜恩的出生……

一切亲切的美好的，不论快乐与不快乐都成为了生命里亲切的回忆。一路走来，与姐姐们截然不同的人生轨迹在于严幼韵对于独立的坚持，对于婚姻的坚守；一路走来，朋友遍天下的原因在于起点再高，条件再好，也愿意为一份工作付出劳动，靠自己的努力让孩子们过上体面的生活；哪怕接受朋友的帮助也能活得下去，但从此之后，却会失去与朋友同等的精神交流；严幼韵的人生在于时刻掌握生命的主动权，华裔势微时凭着自己的为人处世，在联合国依靠人品攒下了属于自己的敬重。

自此，她不再是谁家的大小姐，也不再是谁家的官太太，她真真正正成为了自己：严幼韵。

有人说，女人有两次人生。一次是在出生时，父母给你的人生便是初次命运的模样。第二次则是在结婚后，你嫁的人决定了你过的生活。有些人凭着容颜与娇媚得到了辉煌光鲜的第二次人生，摆脱了原生家庭的桎梏，奔向了幸福的未来。有些人却自愿下嫁，冷暖自知地寻求着属于自己的那份生活。

在今天这个时代里，我们见到的多是为了第二次人生而努力修炼的女生。她们出生各不相同，却在为同一个目标而奋斗。每个人都有权力追求自己想要的人生，这是真理，更是天性。而严幼韵的存在，却是一种时代的标志。她的出生决定了她早已站在了人生的终点线，我们还未起跑，她却已经到达。

她的婚姻，决定了她的第二次人生。杨光泩的外交官身份，决定了她后来的日子必然会在世界旅行。在那个封闭的时代里，严幼韵懂英文，爱交际，爱跳舞，热爱自由的生活。这样的性格让她担当起了贤内助的生活，甚至用丝毫不逊于杨光泩的实力为其外交事业添砖加瓦。

夫妻相处，讲究势均力敌。独立的严幼韵，可以一人在异国他乡自己安排生孩子的事宜，冷静地交代杨光泩，你去工作吧。平静的严幼韵可以无师自通地学会找房子，处理所有租房子，招仆人，安排外交活动的事宜。她没有上司，没有任务，没有培训，却用聪慧与体贴让自己的家成为了杨光泩重要的外交平台。小女人的出身，小公主的娇惯，却出落成一位落落大方，见识超人的严幼韵。

及至祖国蒙难，明珠蒙尘。依然是她，在马尼拉担当起外交夫人的重任。甚至在光泩殉职之后，在封锁的战区，养活了三个女儿，照顾了所有的外交领事家庭，还不耽误她给孩子们找老师，学知识。喝着咖啡靠着软垫的手，为孩子们缝衣服，做裤子，每天思考如何能避开日军活下来。这是一种大智慧，更是一种从容不迫的气度与雍容。

因为有她，所以活下来之后，三个女儿能跟着到美国寻求新的发展。甚至聪颖的蕾孟一入学还能受到老师的优待。要知道，在当时黄种人的地位并不高，如若不是严幼韵的教育让蕾孟处处优秀于人，何来如此的美好开端？也是严幼韵，哪怕是在联合国这样一个国际化的地方工作，依然能在诸多的男爵公爵中成为和平使者。此时的她，就叫严幼韵，是他们最爱的茱莉安娜。

当一个人活出了自己想要的样子，一切的一切自然会水到渠成。有理由相信，可以记入史册的顾维钧为何对年过半百的严幼韵倾慕不已，只有一个答案，那就是心悦。因为看见了严幼韵的好，看见了严幼韵的独立与坚强，彼此心知，彼此默契，才能如此自然地牵手。生命的后半段里，他们相互拥有了二十五年。

也许新闻里天天报道的百岁老人有太多太多，也许每个老人的长寿秘诀都不一样。但是严幼韵的存在却是一种警醒，长寿是一种心态，活出自我更是一种选择。困顿于每天几卡路里的饮食，困顿于每天养生吃饭还是吃面，那是一种舍本逐末，更是一种因小失大。只有真正热爱生活的人，才能体会到，长寿的最大秘诀在于解开情绪上的锁。

当你不惧失去，不念过往；当你不为得到狂喜，不为失去悲痛；当你真正理解，"事情本来可以更糟糕的"；当你早已明白什么叫得之我幸，失之我命；此时生命才会展现它最初的样子，回归本真而纯粹的生活，只为自己而活。保持善良，与岁月温柔以对。

行走一世，出身给了严幼韵"上海最后一位大小姐"的头衔，而她的人生，终究由她自己写出了他人意想不到的锦绣。她是严幼韵，一位游览过大半个地球的百岁老人；一位得体一世，百岁高龄依然穿着高跟鞋跳舞的公主与女神。

那些受严幼韵影响的人们

时至今日，严幼韵依然为自己当初选择美国的决定而庆幸不已。正是因为选择到了美国，她才能让三个女儿们接受到了最好的教育，美国提供的助学金让孩子们在教育上完全没有了后顾之忧。这一切都让女儿们今后的发展有了前提条件。在这个以女人为主的家庭里，严幼韵的抉择把家庭的生活方向引向了光明。

在蕾孟的心里，自己作为长女，最为直观地看到了母亲严幼韵的变化。一夜之间，从上流社会的名媛变成了一名剽悍的战士，搞定仆人，搞定孩子，搞定一群因为战争而惊慌失措的女人。还要照顾宠物狗，和那孩子养的猴子。蕾孟看着母亲每日的操持，发现原来世间只要认真做一件事，只要咬牙挺过去，没有什么过不去的坎儿。最让蕾孟佩服的一点还在于，母亲严幼韵永远只向前看。

这个向前看，是真正的向前看，她不会为已经发生过的事情付出半点精力。后悔与后怕从来不在严幼韵的字典里，她只用一切乐观的想象实现它。而在蕾孟和雪兰的记忆里，母亲对她强调得最多的一句话便是："女人应该独立，应该有自己的钱。"这句话影响了蕾孟的一生，也成就了雪兰和茜恩。因为独立，所以不期待他人给予自己希望或者失望。现在的他们也已经是爷爷奶奶外公外婆了，退休之后忙得最多的一件事便是慈善和奉献。

比如说杨蕾孟，1952 年毕业于威尔斯利学院之后，出任出版公司的助理编辑，而后一路升职，直到 1977 年成为出版公司副总裁。因为身在出版业，所以杨蕾孟不仅推动了儿童与妇女的地位提升，而且在获得威尔斯利学院校友奖之后，成为了女性媒体团体的成员。而后任副主席、主席。蕾孟出生得早，在上海的早期生活也在她的印象中留下了记号。年幼时看见的女性长辈除了自己母亲严幼韵之外，几乎都是埋首家中事务。好在母亲严幼韵的榜样作用让杨蕾孟养成了非常有主见的人生态度，爱情婚姻都由自己做主。

杨雪兰也毕业于威尔斯利学院，同样获得过校友成就奖。自工作以来，从市场营销部做起，她经过自己的努力成为了通用汽车公司副总裁，在关键阶段推动了上海通用公司生产别克汽车的进程。甚至因为雪兰对市场营销与广告方面的才能，还在业内屡次获奖。电信业，银行业，酒店业雪兰都有兼任董事会董事。

因为热爱艺术，雪兰身体力行地推动着中国与美国之间的文化艺术交流，比如说直接成就了纽约爱乐乐团在中国的教育推广活动。而雪兰对年轻华裔艺术家的支持更是不遗余力，比如说黄豆豆，郎朗，廖昌永等。清华大学，同济大学，华中科技大学，雪兰都担任着名誉教授，还担任着上海交通大学名誉董事。而在美国，她还是威尔斯利学院，哈佛商学院等合伙人董事会董事。

在雪兰的心里，自己取得的这些成就都来源于母亲严幼韵的教育。自小以来，母亲严幼韵从来没有逼迫过她们做任何事，母亲严幼韵只做了一件事，就是不断地提供机会供她们学习实践。旅游，就带她们去遍全世界；技能，从游泳到骑马，从弹琴到跳舞，她提供一切机会，只求尝试让女儿们自己做决定。

因为母亲严幼韵交游广泛，所以自小雪兰就见惯了家里来往的各种人。不论头衔如何，无论状况如何，无论性格如何，严幼韵只要女儿们区分一点：做人如何，就再不也干涉他们的交友情况。这份家庭教育的财富让雪兰一直都能透过朋友们的做人来交友，用自己的智慧来过自己的人生。当然，也热爱上了派对和聚会。

杨茜恩是严幼韵的三女儿，也是每年寿宴之上严幼韵最想见到的人。可惜这样的愿望再也不可能实现了。在她病逝后，安多佛菲利普斯学院公告板为其写下了一篇简介以作纪念。我不知道有多少人的逝去可以由母校亲手写出公告栏，但是杨茜恩却拥有了这样一份福气。

作为一位活跃的校友，茜恩为安多佛菲利普斯学院做出了很多的贡献。长年的学院志愿者活动，担任校董，担任托管人建筑委员会委员，捐款集资修复校园里的建筑。她的存在为安多佛菲利普斯学院带来了新的气象，担任安多佛艾伯特纽约校友联合会董事后，后来又出任了联合中会的副主席和主席之位。当严幼韵看到这则消息的时候，内心酸楚难当，却又有些宽慰。

女儿已经逝世，她与其丈夫唐骝千多年来一直为菲利普斯学院和艾伯特学院提供经济支持，慷慨善良的夫妻俩为改善校园做出了巨大的贡献。茜恩是个好孩子，也是最像严幼韵的孩子，行有余力之时，早已经开始了对杜克大学的资助，还有对自己母校斯基德莫尔学院的支持。

严幼韵的教导让茜恩成为了一位善良并有担当的人，能力出众。作为科罗拉州韦尔镇公司的总裁，她的公司业务范围是为民居进行修葺。因为喜爱设计，还成为了珠宝商的设计合作方。因为喜欢烹饪，她还办起了一家中餐公司。温柔而娴静的她，在孩子出生后，选择了在家陪伴孩子们度过最美好的童年时光，让丈夫唐骊千担当起家中的经济责任。

　　小女儿茜恩似乎天生带着一种治愈能力。和她在一起，总能让人感受到安慰和开心。在别人的眼里，三个女儿里，茜恩是最像母亲严幼韵的，却也是走得最早的。有时想起茜恩，严幼韵会控制不了自己的眼泪，人活一世，哪怕走了之后，依然有爱自己的人在实践自己的愿望那也是一种福分了。三女婿唐骊千自妻子茜恩走后发誓再不另娶，把所有的时间和精力都用在完成茜恩的心愿上。照顾好孩子，为母亲严幼韵打理财务，安排严幼韵的寿宴。在他的影响力下，唐家的孩子们与杨家，顾家，严家都走到了一起。

　　爱，就是爱她曾经爱过的一切。

　　严幼韵对这一切心中默念感恩，却选择尊重骊千的选择。早已两鬓斑白的他，这一生也许就是为茜恩而活了。思及此，严幼韵有时自己都会感叹，曾经一个带着三个小姑娘的孀妇，居然拥有了这样一个大家族。每次寿宴来到纽约为严幼韵祝寿的人越来越多。

　　除三个女儿之外，严幼韵细细数了数，自己居然拥有了七个外孙外孙女，还有十八个重孙。生日宴会上，孩子们安排的献花环节就是让这十八个重孙依次排队为严幼韵献上一朵红玫瑰，祝福其健康长寿。每接到一朵玫瑰，严幼韵的心就绽放一次，人生如此早已无憾。这还没有算入顾家的三十二名子孙，时间在流转，严幼韵能预计到的就是这个规模会越来越大。

　　而三女婿唐骊千，作为纽约的金融家和慈善家，毕业于安多佛菲利普斯学院，同时还是耶鲁大学学士，哈佛大学 MBA。他的慈善最大一笔为捐赠给安多佛菲利普斯学院的两千五百万美元，刷新了学院的捐款纪录。对杨茜恩的爱让唐骊千专门修建了斯基德莫尔学院的教学博物馆和画廊。

这里是茜恩的母校，也是他们相识的地方。热爱艺术的他，还为中国画廊捐资，并且任纽约大都市艺术博物馆董事。唐骝千极其敬重严幼韵与顾维钧，不仅是因为她是茜恩的母亲，教导出了茜恩这样优秀的女儿。更在于他们的为人处世与善良和善让他折服。一直以来，严幼韵都把自己与顾维钧所有的财务都交由骝千打理，正因为骝千的干练与专业，严幼韵与顾维钧的晚年生活才能安稳富足。

受严幼韵影响最深的便是这几位，而严幼韵的孙辈里，则包括了雪兰的七个孙辈，骝千和茜恩家的十一个孙辈。如果说一个家族讲究传承，那么这个依靠着他人的善意从马尼拉仓皇来到纽约带着三个女儿的母亲，已然成为了这个家庭的精神领袖。孙辈们人才辈出，不自觉地承继着父辈们自祖辈上传递下来的独立与自强意识。严幼韵是一位慈祥而善意的外婆，在唐芝瑛的印象里，在她第一次当童子军时，她试着向外婆严幼韵推销自己要卖的小饼干。当时的严幼韵二话没说，拿了十几盒。

很多年之后，这个懵懂的小女娃才意识到，外婆严幼韵并不那么喜欢饼干，她只是要保证自己孙女的第一次推销圆满成功。而小孙女唐瑞瑛则更佩服外婆，当她长大以后才知道，如果换成她是当年的严幼韵，带着三个女儿，还要处理联合国的工作，她觉得自己根本就不可能应付下来。但是外婆却总说，"如果你可以外出工作，接触有趣的人，做些有趣的事情，那为什么还要待在家里打扫房间呢？"不要求孙辈们按她的意志去活，去鼓励孙辈们尝试生命的另一种可能，这样的态度让严幼韵的后辈们受益良多。

在严幼韵身上，影响力甚至超越了血缘。

顾维钧的子孙们也成为了严幼韵的孩子，三个儿子德昌、福昌和裕昌此时已经逝世，但顾维钧留下的唯一的女儿顾菊珍却住在纽约。两人情分深厚，菊珍甚至专门写过信表达自己的感激之情，在信里她说，在严幼韵的身上，她知道了什么叫惜福。能够接触严幼韵，并学习她身上的精神财富，是自己最幸福的事情。

对自己父亲顾维钧的照料让身为女儿的她内心十分安定，她非常感谢严幼韵给自己和自己父亲带来的家的感觉，并且感恩有严幼韵才让家庭再次聚在了一起。连菊珍的女儿，钱英英都佩服外婆严幼韵，自小她就见识到了严幼韵实用而预见性强的办事能力，永远的井井有条，永远的纤尘不染，得体典雅，光是这一点，已经让她自惭形秽了。

顾家的孩子顾植莲与亲生父亲顾德昌的关系较为疏远，所以她到顾家的时间较晚，一直到了二十多岁才第一次见到严幼韵。年岁渐大之后，她越发思念家庭的温暖，想要融入这个大家庭。一次，她带着儿子尼古拉斯直接就到了严幼韵的公寓门口，严幼韵一打开门见到她，有些意外，却只说了一句：你想父亲了吗？从此之后，她便成为了公寓里的常客，越发感谢奶奶严幼韵的热情与温暖，还有总是丰盛多样，令人垂涎三尺的美食。

一个人要经历多少的爱与期待，才会放下一切与生活和解。而严幼韵却似天生就有着魔力，能让所有的人们团聚在一起。这是一种天赋，更是一种才华。如果此时有人询问那年带着三个女儿来到纽约的严幼韵心中如何设想，那么她一定会说我没有想过太多，只想先让女儿们接受良好的教育。

这样的一个原则一直持续到现在，严幼韵已经活得足够长了，足够让她看到很多事的起因，又看到很多事的结局了。她一路看见教育对孩子们的帮助，所以越发相信要帮助一个人，就要给予他足够的机会和学识。而这些幸运儿，也得到了严幼韵的点拨，拥有了另一种人生的可能。作为受严幼韵直接影响的人，他们的故事也侧面描绘了严幼韵的人生态度。

1984年蒋美兰来到严幼韵家里担任管家，她当时带着自己的孩子张林。孩子的性格很好，乖巧可爱懂礼貌。严幼韵一见到这样的孩子就止不住地喜欢，而后又发现张林不仅逻辑思维能力强，而且在做事方面也很有条理，在力所能及的范围内都会自动自觉地完成。

比如说修理公寓里的东西等，不是他的责任，他也会顺手就做了。这样性格的孩子人缘很好，有时知道家里中午要来客人，还会专门准备香蕉、华夫饼等待客人。因为这份缘，严幼韵帮助俩母子学习英语。刚来美国的他们，连基本的单词都不认识。考虑到俩母子当时的情况，严幼韵主动提出张林可以跟着母亲一起居住在这里，雪中送炭的背后是更深重的希望。

严幼韵就像张林的亲奶奶一样待他，体贴而细致的照顾让张林感动不已。而让张林没有想到的是，严幼韵居然主动提出全部负责张林在大学时期的学费。

不仅如此，为了张林能有更好的学习条件，她找人安排张林去读康奈尔大学的ESL语言预科班，为张林购买了IBM新电脑学习，还担下了张林在暑假期间往返中国美国的开销。这直接改变了张林的人生，而严幼韵的为人处世，她的言传身教更是让张林摆脱了从前生活的桎梏，拥有了更远大的目标。而今的张林已经晋升为惠普商用笔记本研发副总裁，事业有成，家庭幸福地生活在休斯顿。现在，严幼韵的生日则是他最为重视的日子，风雨无阻，只为见奶奶严幼韵一面。

授人鱼，不如授人以渔。严幼韵也是如此对待后来的徐烨和母亲徐景灿。徐景灿是严幼韵姐姐莲韵的女儿，当徐烨和母亲徐景灿来到美国时，她们俩简直被美国的景象惊呆了。当时国内刚刚经历完文化大革命，生活艰苦，精神荒芜。在整个文化大革命时期，所有关于严幼韵的消息全部被封锁了，连严幼韵的丈夫顾维钧还有她三个女儿的消息也没有人知道。所以当徐烨听到母亲徐景灿说将要带着她去美国学英语时，徐烨的感觉是不可思议。母亲徐景灿在严幼韵的帮助下先来到了美国。在母亲的嘴里，徐烨知道了自己姨婆的事情，慷慨善良大度，还有那数之不尽的派对。在徐烨心里，姨婆就是一个天使一般的存在，过着自己想象中的童话生活。没过多久，在茜恩的周旋下，徐烨也来到了美国，见到了一直惦念的姨婆。

如她所想，姨婆优雅而美丽，从一见面起，徐烨就一直在想象着她的一家人，成就非凡又亲切随和的一家人。自己居然是这些人的亲戚，真是太让人难以置信了。严幼韵清楚地记得，当徐烨第一次见到自己时，那种紧张与期待。但是一听徐烨的称呼，严幼韵就不高兴了。什么姨婆，叫外婆！自此之后，徐烨都叫严幼韵外婆。外婆带着她去豪华饭店吃饭，一招一式地教她用刀叉，教她每种现代家电的英文名称，教她怎么打扮自己。把她带给家里的亲人和朋友认识，带她去做头发，买衣服。对生活讲究精致的外婆对徐烨要求很高，如果看见她头发不整齐，或者衣服搭配不合理，都会直接上手帮她整理。

刚来美国的徐烨与同年龄的人们相比非常稚嫩，但是很听话。在骊千和茜恩的帮助下，徐烨去了安多佛上学，在那里她得到了奖学金，并且由于学习认真，功课成绩非常好。严幼韵很欣慰，在她的眼里，只有懒散的人才会没有希望，而徐烨的努力证明了她没有看错人。一年之后，徐烨获得了威尔斯利学院奖学金并正式入校就读。

这一年里，严幼韵从做人到处世，教会了徐烨太多太多。所以徐烨对于大学的生活适应非常快，哪怕有所困惑，严幼韵也会直接给出最正确的选择和答案。

而后，徐烨考入哥伦比亚大学，并在毕业时拿到了哥伦比亚大学校长奖学金。热爱学习的她，而后继续在哥伦比亚大学攻读硕士和博士学位，在整个读书期间，都是由外婆严幼韵负担她的一切开销。而今天的徐烨也已经成长为美国运通公司营销和客户管理副总裁了，她一生的重大转折就在于遇见了外婆严幼韵。婚后与丈夫生活在亚历桑那州凤凰城，且每年都会找时间来看望自己的外婆严幼韵，并且会把这视为一种荣幸。因为在徐烨心里，外婆严幼韵永远都是那个亲切而不凡的女神，只要和外婆接触，她都有学不完的智慧。

另一位姑娘，叫李丹秋。她与严幼韵的缘分开始于自己的母亲冯洁担任严幼韵的管家之后。1987年，严幼韵得知冯洁在中国的女儿李丹秋时，就表态尽快让她过来美国。因为此时丹秋的爸爸李铭高还在读书进修，所以家里条件不能满足丹秋来美国的要求。

在严幼韵的帮助下，丹秋不仅来到了美国，而且进入了一家天主教学校读书，而后丹秋成绩一直保持在班级第一。而在丹秋刚来美国之时，在国内才上二年级的她，根本是一个英文都不认识。父亲为了让她快速融入语言环境，专门给她配了一本儿童字典。在严幼韵的公寓里，动画片《芝麻街》也成为了丹秋学英语的好地方。

严幼韵还嫌不够好，又给丹秋专门请了一位大学生给她做家教，陪她练习口语。半年后，聪慧的丹秋就已经可以用英文对话了。

而严幼韵考虑的显然还不止这些，她在丹秋身上看到了她的潜质。一所学校的名字浮上了严幼韵的心头，安多费菲利普斯学院！丹秋这样的性格与努力正是那所学校所喜欢的，而且那所学校的高标准显然也能为丹秋今后的生活打下坚实的基础。

严幼韵开始督促丹秋申请这所学院的奖学金，不仅如此，还让蕾孟和骝千两人专门去跑这件事，为丹秋了解这所学院的要求和条件。功夫不负有心人，1987年还不认识一个英文字母的丹秋到了1998年，竟然成为了安多佛菲利普斯学院的学生，并获得了奖学金。在踏上这所预科学校的平台后，丹秋在安多佛的日子如鱼得水。

严幼韵的眼光果然独到，她为丹秋选的路是她的父母都无法给予的。2006年，丹秋所申请的所有大学都发来了录取通知书，商量之后，她决定去哈佛大学就读。在丹秋整个大学生涯里，所有的学费都是由严幼韵出的。

在哈佛的日子里，丹秋发现奶奶严幼韵教导的东西非常明智。后来，上进的丹秋听从严幼韵的建议，再次取得了纽约大学法学系的学位，现在的她，已经成为了跨国律师事务所的准合伙人，并且拿到了律师执业资格。在李丹秋心里，严幼韵就像是她的天使，是她最亲的奶奶。因为严幼韵，她得以过上自己曾经想象不到的生活。也因为这份无私的爱，她也悟透了人世间善良与慷慨的可贵，并且身体力行的实践与传承着奶奶严幼韵的为人处世风格。

罗明珠，她的母亲是严幼韵的管家黎纪鸾的女儿。而黎纪鸾在1998年才来到严幼韵家里做管家。2000年罗明珠来到美国时，已经四十多岁了。这样的年纪，学英语已经很吃力了。来到美国的第二天，母亲就带着她见了严幼韵。严幼韵让罗明珠叫她奶奶，并且给她下了一个要求，要她把英语学好。严幼韵说，虽然你的年纪已经大了，但是如果不能学会英语，那么你在美国就只能去美容院工作了。作为一名琵琶曲艺演员，严幼韵考虑到她的实际情况，严幼韵为其支付了上 ESL 班的学费，并且让她可以一直跟着母亲住在严幼韵的公寓里。在 ESL 上了段时间之后，严幼韵觉得那里的学习条件并不好，专门为罗明珠找来了一位家教进行一对一的辅导。没过多久，罗明珠就可以与人进行简单的英语对话了。

在严幼韵的引荐下，罗明珠有了更多的朋友，英文水平也直线上升。帮助她在 ASA 商业技术学院取得了医疗账务准学士学位。如此一来，罗明珠得以在纽约自食其力地生活下来了，并且通过自己的努力，在唐人街一家诊所做医务助理。这样的生活相比于从前在国内的生活，罗明珠觉得眼界开阔了，每次与奶奶严幼韵的相处都能让她学到很多东西。在工作中，罗明珠也传承着严幼韵的性格，体贴而细致，认真而负责。病人们和医生们都很喜欢她，她的工作很愉快。在罗明珠的心里，如果没有奶奶严幼韵，那么她到现在也只能和自己的母亲一样，在美甲沙龙工作。

人这一辈子，总会遇见一些人改变你的人生，也总有一些人只是路过你的人生。在严幼韵的字典里，她会尽自己所能，去改变朋友的人生。让朋友看到更远的世界，拥有更好的生活。比如说周安，这个小伙子是 2000 年认识严幼韵的，当时严幼韵的管家休假，周安的母亲过来代工。周安父母的努力让严幼韵很是宽慰，当时周安的母亲是一位美甲师，而父亲则是为中餐馆送外卖。在严幼韵的人生信条里，只要勤劳就一定会有出路，所以严幼韵很乐意帮助周安，为其指点未来，提供帮助。

在周安的记忆里，第一次见到奶奶严幼韵时，那是一个火热的八月下午。气温很高，周安心里有些惶惑，又有一些紧张。他不知道自己将要面对什么人，更不知道自己见到的这个人将会改变自己的人生。周安在来到美国之前，虽然他已经是最好中学的最优学生，但国内教的英语口语依然不正宗，而且口音重，交流不了。周安的父母很能吃苦，周安懂事而勤奋。可惜周安的父母也不会英语，所以根本帮不了他。周边的邻居都是新移民，周安连练口语的人都找不到。

好在严幼韵很快就发现了周安口语交流得非常慢，于是直接安排他去了私立寄宿制学校，并且由严幼韵出资。周安父母文化不高，没办法帮助周安学习，好在奶奶严幼韵的女儿蕾孟手把手指导周安申请学校，当周安拿到全额奖学金时，严幼韵兴奋得比周安自己还激动。

几年的奋斗之后，周安拿到了威尔斯利学院的奖学金，周安的母亲也与人合办了美甲沙龙，父亲拿到了开车载客的资格证，拥有了自己的大汽车。俩夫妻还在皇后区买下了属于自己的房子，很快他们的生活也开始走上了正轨。而在周安心里，奶奶严幼韵就是一位榜样，在奶奶身上，他知道助人为乐的意义，更决心把奶奶的仁慈和感恩传承下去。

而那位从小看着长大的丽莎，则是严幼韵的心头肉。严幼韵与其父母分摊了她在私立院校读书的学费，并且严幼韵还出资帮助其学习大学的夏季私人课程。丽莎当时所在的玛丽蒙特学校要求很严格，而且她并不擅长理科，甚至有一段时间害怕申请大学，对学习丧失了信心。

　　这时严幼韵为其找来了一位校辅导顾问，这位顾问教丽莎如何写申请表，如何修改大学入学作文，如何对教授的面试提问。如此一来，丽莎对大学申请的恐惧逐渐变成了一种积极面对。

　　在那段日子里，丽莎在严幼韵的督促下每周都会去接受顾问的指导，严幼韵考虑得很周到，为丽莎定制的夏日课程正是围绕入学和 SAT 内容的，这样一来，丽莎的考试能力直线提升，掌握了很有用的考试技巧。因为准备相当充分，所以丽莎不仅申请到了资质良好的大学，而且还有了多种选择，再也不是当时惧怕考试，害怕申请大学的样子了。

　　对于丽莎来说，她自小就在严幼韵身边长大。严幼韵对她就像亲孙女一样，甚至比亲孙女还要疼爱。自小就很爱美的丽莎在选择大学专业时，决定向时尚专业靠拢。严幼韵很喜欢她这一点，平素的生活里也喜欢打扮丽莎。

　　在丽莎的心里，严幼韵就是她的亲外婆。所以在严幼韵做手术时，她整夜整夜的陪伴，内心担忧不止。最终丽莎毕业于波士顿大学，因为对时尚业非常有兴趣，所以她不出意外地进入了一家英国服装零售商的品牌公司，成为了经理，管理财务与人力资源。

　　在丽莎的生命里，严幼韵这位外婆就是她的全部。每天都祈祷外婆可以健康长寿，希望外婆可以多陪伴自己。哪怕到今天，严幼韵依然教导着丽莎，热爱生活，快乐生活，不要给自己压力，更不要仓促地做自己无把握的事情。任何事情只要下定决心，就一定能成功。丽莎认为外婆严幼韵所说的每一句话都富含人生道理，是值得铭记于心的。

　　如果说一个人的善行可以影响另一个人，那么严幼韵的善行则影响了太多太多人。这种影响不同于教条式的宣讲，完全是从精神到物质的全方面改造。严幼韵用自己的善行改变了无数后辈的命运，她全身心地投入到了助人为乐的事业里。而她的女儿亦是如此，蕾孟也好，雪兰也好，茜恩也好，骊千也好，都身体力行地实践着严幼韵的慈善原则。

当一个人站在高处时，难的就是放下身段来与处于困难中的人们相互交流。没有交流的慈善只能叫施舍，而严幼韵的慈善则是用她自己的行动，塑造了大批像她一样的年轻人。从贫困的生活中奋发向上，拥有属于自己的灿烂人生，这样的过程会让这些受到严幼韵帮助的人们更发自内心地去做慈善，去传承严幼韵的意志。

不论是在马尼拉的艰难岁月里，还是在纽约带大三个女儿的日子里，每当严幼韵有困难，都会有人伸出援手。等到严幼韵有了自己的能力，从出主意到包打听，从包打听到出资出面，只要严幼韵能做到的，她都会做到最好。

因为母亲的善良，雪兰专门在威尔斯利学院开设了一个女性全球领导力的培训。专注于让女性独立自强，不需要依靠他人也能获得自己的那份幸福。对于这项培训，雪兰选择捐赠一个自习室。当然，为了促进艺术的发展，雪兰还在上海博物馆捐赠了一座以严幼韵名字命名的茶室。在这座"幼韵轩"里，摆放精美的题字无不显示出雪兰对母亲的爱意。雪兰是在用这样的方式捐款捐物，支持文化事业的发展。

雪兰以严幼韵的名义捐赠出来的"百人会奖"，专注于促进艺术家的发展。每年"百人会奖"都会出资资助相当一部分的艺术家，为其职业发展提供经济支持，如歌唱家廖永昌，舞蹈家黄豆豆，这些都是接受过"百人会奖"的艺术家。

他们的艺术生涯在严幼韵提供经济的直接支持下，得到了更完美的绽放。对于蕾孟来说，虽然她的童年里，有战乱，有贫困，但母亲严幼韵却从来没有放松过对她的栽培和熏陶。因为母亲的努力，所以她才能成长为这样一位有胆有识，经济独立的新时代女性，拥有自由和力量去帮助困境中的人。

骝千向着学校这方面发展，每年都要为安多佛董事会主席这一职位花费大量时间和精力。近几年在学校设立了奖学金，专门救助困境中的学生。并且在茜恩的母校捐资修建了教学博物馆和美术馆，陈设丰富，库存充足，每天都会吸引很多学生前去欣赏临摹。如果说善良需要传承，那么传承的方式必然是充满曲折的。因为人世间痛苦依旧，因为依然还有很多处于困境中的人。哪怕是严幼韵自己，也是在不断的挫折与打击，不断的努力与认真之后，才获得了自己想要的人生。

因为严幼韵的乐观与冷静，慷慨与达观，她走的路比同年代的女人更累更多，但她的成就却来自于此。今天的我们，只能在想象中去接近严幼韵，去了解她的思想，去听她说的故事。独立与自主，坚强与柔韧无不显示出严幼韵的本真性格。没有一种生活是白白得到的，也没有不经过努力就成熟的果实。"事情原本可能更糟的，不花费精力与时间在过去的事情上。"人生就像一场选择，选对了也不需大肆声张，选错了也不代表一切不会变化。

严幼韵的一生，三分由天定，七分由自己打拼。乐而忘忧，人生如韵，这样的人，存在过，也依然存在着。而远方的我们，也只能借这本书的机会，稍稍了解一些严幼韵的人生。看了更多的书，了解了更多的人才能知道，这世上真的有人活成了我们想要的样子。不论生活怎么变化，不论命运如何行进，靠自己的力量生活，总会拥有自己的美好人生。

后记

在严幼韵的一生里，看到最多的是那一双永远的高跟鞋和一袭旗袍。人人都向往过精致的生活，百年之前，就有这样一位传奇女性用公主的心态过着女神一般的人生。岁月并不曾特别厚待她，生活对她也曾恶颜相向。但即使这样，也阻拦不了一位真正的生活家过好属于自己的美好人生。

我们总说生命只有一次，却一边感慨着生命无常，一边在每日的庸常生活里耗费着一去不复返的生命时间。我们总说要过上自己想要的生活，却不愿意为此付出改变和努力。

　　日复一日，年复一年，我们成了他人生活的参加者，成了他人生活的旁观者。对于生命，我们真的重视过吗？

　　在书中，我们看到的严幼韵，称得上是一位真正重视生命的女性，一个世纪以来对自己的讲究，无论何种状况下都能保持自己的优雅与从容。

　　这一切并非是天生的能力，而是一种因热爱生命而造就的生活热情。因为对自己的人生从不马虎，所以每一天的日子都过得积极而阳光。因为向前看，所以不会把过往当成重担每日背负。轻装上阵的人生，每日只想如何过好现在和未来，哪怕遇到失败也从不退缩。

　　这样的心态才是公主的心态，这样的情绪才是女神的专属。百年之后，她依然在世上优雅而美丽地活着，而我们回首自己乱糟糟的人生，想想自己遇到挫折之后患得患失的样子，人与人之间的区别就在于此。在这本书里，看见的是严幼韵，看不见的是属于她的那份华贵。总是默默猜想，有这样性格的女子，哪怕出身非大户，哪怕遭受再多的打击，也一样有本事活成自己世界里的传奇。

　　不羡慕雍容华贵，不羡慕青春永驻，不嫉妒娇颜如花，只愿我心似严幼韵，独立强大，不念过往，不惧未来，活成自己想要的样子。哪怕老去之后皱纹横生，也有着长年善良心境留下的祥和与慈爱。有一种善良，可以点亮平凡的面容；有一种高贵，叫严幼韵小姐；有一种优雅，悄然之间，已然凝练出了一个世纪的传奇。

图书在版编目（CIP）数据

严幼韵传：一路优雅，一世风华 / 夏墨著 . —北京：中国华侨出版社，2016.10
 ISBN 978-7-5113-6381-7

Ⅰ . ①严… Ⅱ . ①夏… Ⅲ . ①严幼韵 – 传记
Ⅳ . ① K828.5

中国版本图书馆 CIP 数据核字（2016）第 245230 号

严幼韵传：一路优雅，一世风华

著　者 / 夏　墨
责任编辑 / 嘉　嘉
责任校对 / 孙　丽
经　销 / 新华书店
开　本 / 670 毫米 × 960 毫米　1/16　印张 /17　字数 /215 千字
印　刷 / 三河市华润印刷有限公司
版　次 / 2022 年 2 月第 1 版第 3 次印刷
书　号 / ISBN 978-7-5113-6381-7
定　价 / 32.00 元

中国华侨出版社　北京市朝阳区静安里 26 号通成达大厦 3 层　邮编：100028
法律顾问：陈鹰律师事务所
编辑部：（010）64443056　　64443979
发行部：（010）64443051　　传真：（010）64439708
网　址：www.oveaschin.com
E-mail：oveaschin@sina.com